未来のために何をなすべきか？

Jacques Attali Manifeste pour une société positive

積極的社会建設宣言

ジャック・アタリ
＋積極的経済フォーラム
的場昭弘［訳］

作品社

未来のために何をなすべきか？——積極的社会建設宣言　目次

RESEARCH
DEVELOPMENT
PLANNING
ANALYSIS
STRATEGY

凡例

一、原文におけるイタリック体は、太字とした。

一、原文におけるギユメ « » とダブルクォーテーション〝 〟は、一重鍵括弧「 」とした。

一、原文におけるパーレン（ ）は、ママとした。

一、亀甲括弧〔 〕内は、訳者による補足である。

一、原註は▼とアラビア数字、訳註は▽とアラビア数字で示した。

◉積極的な社会をつくりだすための17の提言・活動計画

国家レベルにおいて

1. 経済社会環境評議会〔本書53頁訳註7を参照のこと〕に特殊な息吹を与え、次の世代について考え、議会で審議される前の法の内容について、それが未来の世代の利益となるかどうかという点で意見を集約すること。

2. 社会、連帯経済、環境を含む、積極的経済省という組織を立ちあげること。

3. 積極的経済という革新的な企画に融資し、それを一般化し、成功させる、社会的実験を目的とする銀行を創設すること。

4. EUのヨーロッパ投資銀行による、積極的経済を行なう部門への投資プログラムの基本計画を提案すること。

5. 積極的企業を評価し、未来の世代のためにもっとも価値のあるものをつくりだす企業はどの企業であるかを判断するため、ヨーロッパの格付け機関を創設すること。

6. 幼児教育、初等教育を変革し、積極性と合理的愛他主義の教育を導入すること。

地域レベルにおいて

7. 地方の自治体に対する国家援助を、積極的経済に関連した進歩を前提にして、少しずつ格付けできるようにすること。

8. 都市計画の体系を変革し、PLU (Plan locaux d'urbanisme: 都市計画ローカルプラン)、SCOT (Schémas de cohérence territoriale: 地域統合計画)、PADD (Projets d'aménagement et de Développement durable: 整備と持続可能な開発計画) のような、組織化されたあらゆる計画において積極的経済の原理を考慮すること。

9. すべての州に積極的経済のための地方会議を設置し、中学、高校、大学レベルで積極的経済について討論し、教育する1日を設けること。

10. 地方自治体による国際的活動の戦略的原理に積極的経済を導入し、積極的経済を国際的に普及させるベクトルを協同で発展させること。

11. 上院と経済社会環境評議会が授与する「積極的経済地域」という称号をつくり、それをすべてのEU地域に拡げ、積極的経済地域というヨーロッパにおける網の目をつくりあげること。

企業レベルにおいて

12. すべての企業の定款《ていかん》を、たんに株主のためではなく、来《きた》るべき世代の利益に役立つ使命を遂行するものに変えること。

13. 株主の投票権を、その株をどれくらい長く保持しているかという持続性によって増やすこと。

14. 公的にも役立つと考えられているアソシアシオンと同様の利点をもっている「積極的企業」に関する定款を作成すること。

15. 積極的企業を創設する計画に融資するべく、通帳A[▽1]と同じような融資上の利点を得られる「積極的通帳」を開設すること。

▽1 「通帳A」とは、税金の対象外の預金である。

16. 積極的企業に都合のよい刺激策をつくること。たとえば、公的市場に参加する際に、融資条件を優遇することなどである。さらにそれは、公的に役立つと考えられているアソシアシオンと同じ利点を、評価の高い企業に与えるところまで進むべきである。

17. 「積極的免税ゾーン」というものを創設し、企業が法人税を支払うことなく、そこに進出し、取り引きを拡大できるようにすること。

序文　ジャック・アタリ

われわれは、いま、未来の世代に〝声〟を残すべきだ

まさに、いまこそ行動に移すべき時なのだ。

——ジャック・アタリ

未来の世代にひとつの声を残しておくべきではないだろうか。

いまの緊急の課題は、すべての活動分野における、われわれ全員のための、われわれ全員による、長期的な意味での責任の負担ではないだろうか？

今日では、こうした意識をもたなければ、人間自身の生存など不可能である。

そのことは、来《きた》るべき未来の世代の人間に対して言えるというだけでなく、いまこの地球上に暮らしている現在の世代の人間に対しても言えるのだ。

本書は、愛他主義[▽2]（もちろんこれはエゴイズムの知的な形態でもあるのだが）への呼びかけである。本書の意味は、人間、国家、集団、企業それぞれに目を見開いてもらい、今日の社会を変革し、明日の地球全体の未来について考えてもらうことである。次の世代の利益を確保するためには、あれやこれやの現場で働く、すべての個人、あるいはすべての単位たる組織が、積極的でなければならないのである。

本宣言は、「積極的経済（L'Économie Positive）[▽3]フォーラム」の活動の中心となる宣言である。「積極的経済フォーラム」は、プラネット・ファイナンス・グループ（PlaNet Finace Group）[▽4]によって２０１２年に創設されたのだが、それ以来、この組織は、フランスや世界の、数万人の市民、政治的指導者、ＮＧＯの指導者、企業のトップ、労働組合員、社会的企業を営む者、公共部門の労働者、私的部門の労働者と手を結んでいる。

まさに、いまこそ行動に移すべき時なのだ。

次の世代の生活を準備し、さらにそれを実現するための協同、信頼、弾力性という基準を評価するためには、「積極的経済」というものが存在しなければならない。積極的経済という概念のなかで貢献しえるのは、人びとすべてである。この宣言のなかで示される活動への大きな鍵、そして進歩に対する新しいビジョンとは、積極的経済をつくりあげる手段のために、いくつかの道具を使うことである。

この道具は、まずは国民レベルで適用され、それから企業、地域集団、NGOレベルに適用され、やがては市民社会レベルにまで適用されるだろう。積極的経済の運動

▽2　「愛他主義（altruisme）」とは、功利主義的な意味での利他主義ではない。むしろ積極的に他人のために尽くすことが、自己の利益になるという思想である。ジャック・アタリ『ユダヤ人、世界と貨幣――一神教と経済の4000年史』（的場昭弘訳、作品社、2015年）では、ユダヤ的精神の特徴として、この他人のために尽くすという行為が愛他主義として捉えられている。

▽3　「実証的経済学」と訳すべきかもしれないが、"Economie positive en actions" すなわち「行動に積極的に打って出るべき」という意味が含まれていることを考えると、積極的と訳すべきであろう。

▽4　「プラネット・ファイナンス・グループ」とは、貧困地域にマイクロファイナンス（Microfinance）を実施する組織。

において中心となるのは、教育、健康、移動、エコロジー、金融、民主的ガバナンス、イノベーションなど、社会をそれぞれ構成する概念、そして全体として生きているそれぞれの単位でなければならない。

ジャック・アタリ

未来のために何をなすべきか？——積極的社会建設宣言

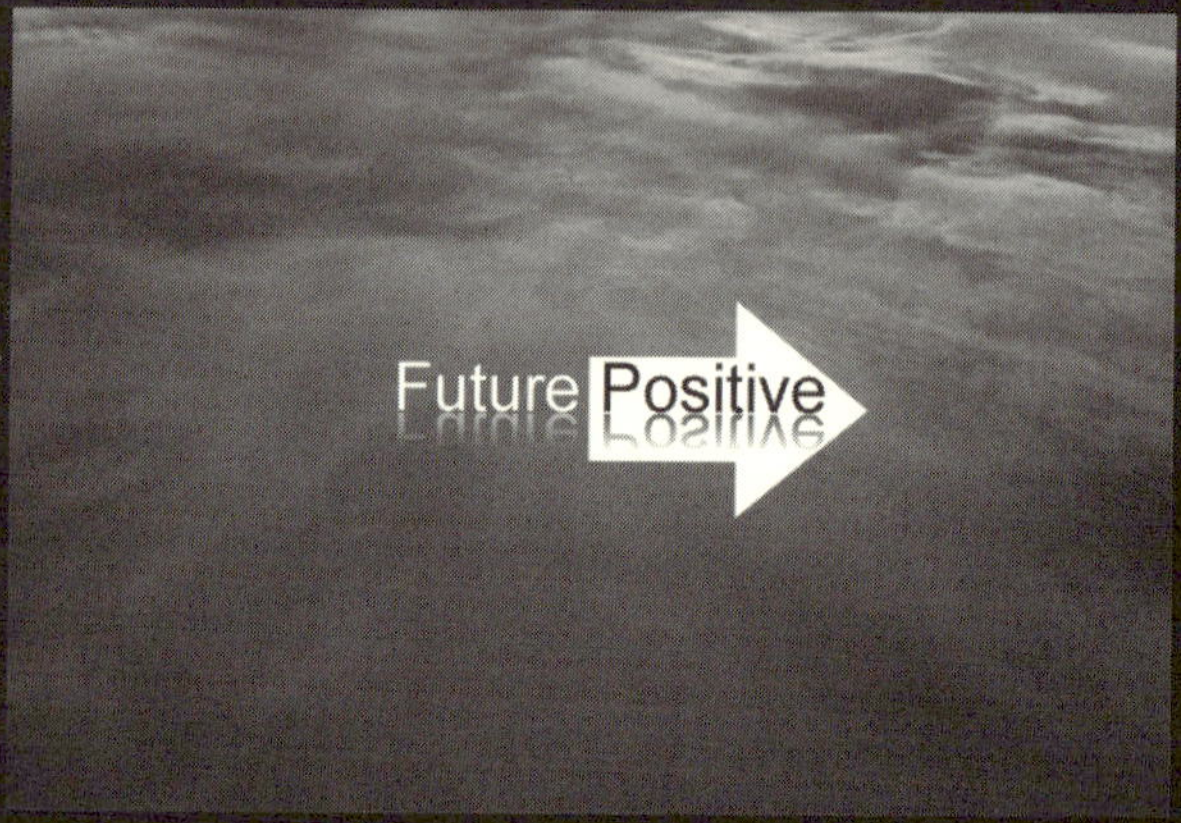
Future Positive

第I章

積極的社会、集団的計画

行動しないことは、けっして許されるべきではない。……子どもたちに何と説明したらいいのだろう。それを知ってはいたが、しかし何もしなかったなどと言えるというのか。

——ジョセフ・スティグリッツ

未来の世代のことなど、なぜ僕が考えなければならないの？　未来の世代が僕に何をしてくれたというの？

——グルーチョ・マルクス

積極的経済こそ、われわれの現在のパラダイムを変える歴史的チャンスを与えているものである。

永続的繁栄と未来の世代の利益のための公平性、そしてまた現在の世代のために公平性を生みだすためには、積極的経済が必要である。

国家のレベルにおいてであろうと、地方のレベルにおいてであろうと、企業のレベルにおいてであろうと、日常生活のレベルにおいてであろうと、われわれの誰もが社会を変えうるのだ。

より正しい世界を打ち立てる能力は、われわれのすべてに備わっているのだ。より正しい世界とは、他人を助けるものこそ自らを助ける最良の手段ということを理解している世界である。そこでは、愛他主義だけが、個人主義における唯一の知的形態となるのである。ノーベル経済学者のジョセフ・スティグリッツは、「行動しないことは、けっして許されるべきではない」と主張している。「子どもたちに何と説明したらいいのだろう。それを知ってはいたが、しかし何もしなかったなどと言えるというのか」。そこではわれわれの責任が問題となっているのだ。

仮に、経済のグローバル化が、ある国の最悪の貧困を後退させたことがあったとしても、経済のグローバル化は（短期的には専制支配を認めたがゆえに）、数十億の人びとの生活を不安定なものにし、かれらの生活の維持を不可能とし、将来の利益を得るためにだけ投資することで、気候変動をより悪化させてしまったのだ。いまもし何もしなかったとしたならば、その結果は未来の世代にとって悲惨なものとなるかもしれない。しかしながら、ひどい住宅環境、栄養失調、水不足と戦うために、政治的、文化的、科学的、技術的解決方法が存在しているのだ。

「積極的経済フォーラム」は、創設以来の明確な目的として、積極的経済という概念を未来のために使うための組織であると定めている。「積極的経済フォーラム」には、まさに二つの鍵となる考え方がある。それはすなわち長期的思考、そして合理的な愛他主義的思考であり、この二つにもとづいて、経済促進を稼働するという考えである。

アメリカの映画俳優マルクス兄弟のグルーチョ・マルクス[▽5]は、ユーモアを込めてこう問いを発する。

「未来の世代のことなど、なぜ僕が考えなければならないの？　未来の世代が僕に何をしてくれたというの？」　まさにこれは逆説であり、この逆説こそ積極的経済の挑戦の意味を、うまく説明していると言える。もしわれわれが次に来る世代のことを何も考えないとしたら、現在地球上で生きている世代の生活も、やがて耐えがたいもの

▽5　アメリカ映画の4人兄弟マルクス兄弟の三男グルーチョのこと。

となるだろうからだ。

もし何もしないとすれば、必ず30年以内に世界は地獄と化してしまうだろう。気候はより悪化していくだろう。

金融バブルはすべてを破壊し尽くすことだろう。その頃には、90億人となっている地球上の人口の半分以上が、貧困地域で生活していることだろう。そして、不安定な生活が世界を覆っているだろう。

破綻してしまった国家や民主主義は、いたるところで姿を消しているだろう。

そうした古い国で政権を握っているのは独裁者だろう。宗教戦争が最悪の時期を迎えているだろう。不法な経済、経済犯罪が世界中で蔓延していることだろう。技術進歩は倫理をもつことなく発展し、節度ももたず、どうでもいいもの、そしてロボットをつくりだしているだろう。世界中の人びとのあいだに孤独が宿っているだろう。連帯というシステムは破壊されているだろう。退職者の年金支払いなどは、もはや過去の夢と化しているだろう。そうした未来の人びとが呪っているのは、われわれの時代の支配的エリートであるかもしれない。

これは遠い未来の話ではない。30年後といえば、まだいま生きている人類の三分の二以上が存在しているのである。積極的経済が答えようとしているのは、こうした近未来についてのことである。

1、本宣言が提言する行動の鍵を握るものこそ合理的愛他主義なのだ

いま、われわれが全体で行なわなければならない一種の賭けとは、現在存在する挑戦を受けて立つには、合理的愛他主義以外、よい選択肢などありえないということを、理解することである。

では、なぜ合理的愛他主義を選択しなければならないのか。

その理由は、われわれが、人類は必ず進歩するのだというイデオロギーにしばしば

縛られ、さらにそれを鼓舞するエゴイスト的態度によって、われわれが個人的に損なわれ、地球全体の破壊へと駆り立てられてさえいるからである。逆に言えば、愛他主義を理解すれば、愛他主義を受ける側も、行なう側も結果としてよりよくなるからである。

だから愛他主義は合理的でありうるのだ。今日あるいは明日において、他者を犠牲にして成長している者がいるとすれば、永続的で調和ある社会を建設することなどできはしないだろう。そんな社会では、暴力と過激主義が脅威として出現することになるだろう。なぜなら、この暴力と過激主義の二つはこうした不安を糧《かて》としているからである。

2、本宣言が提言するのは第二の行動の鍵である集団的行動である

積極的経済、積極的社会を建設する課題は、政府や経済学者、企業家、専門家だけに委ねられているわけではない。

未来の挑戦を勝ち抜くのに、ひとりだけで行動できる者など誰もいないし、どんなにすぐれた経験をもった人物がいたとしても、ひとりだけでは充分ではないのだ。われわれ生きている者と、そして行動する者とがさまざまに交流し、そこに因果関係がはっきりあるのだと意識する（いや再び意識する）ことができるのは、「積極性」という思想を媒介にしてのことである。

われわれの世代には、過去の世代とも、そして次の世代とも、一緒に協力して現状と戦う義務がある。すでに世界のいたるところで、積極的なイニシアチブが生まれている。いまこそわれわれが、こうした先駆者のメガホンとなり、変革の運動を予想し、それを加速しようではないか。

3、本宣言が提言するのは第三の行動の鍵である積極性指数である

しばしばまったく意味のない統計データや数字の嵩上《かさあ》げがあるが、それらに対抗するには、積極的経済の価値（自らと未来の世代のための愛他主義）をわれわれが言う成功という視点の中心に置かねばならない。もっと具体的に言えば、この視点は新しい準拠枠という「羅針盤」を前提にしており、それによってわれわれは相互理解を深め、同じ方向へと進み、努力を紡ぎだし、個人的進歩、集団的進歩を評価するのである。これこそが、本書で導入される積極性指数（第Ⅱ章を参照のこと）というものの目標である。

どんな考えであっても、それが数字として示されなければ実現など不可能である。だからこそ積極性の指数を作成するという考えが、不可欠のものとなる。では何を問題にすればいいのだろうか。要するにいまの状況はどんなものなのか。そうした状況は、どうやって計測されるのだろうか。積極性の指数は、将来の反省を総括するため

の参照の道具、拠って立つ支点として役立つものである。

国民であろうと、あるいは都市の市民であろうと、ある企業の賃労働者であろうと、あるいは消費者であろうと、誰でも、日常生活に影響を与えている個人的、集団的単位が、各自の未来にとってどういう役割を果たしているのかを知ることができなければならない。

そのために、われわれは社会の四つの分野の鍵となる、積極性の程度を計測するための指数を作成したのだ。社会の四つの分野とは、**国家**、**企業**、**都市**、**市民**のことである。こうした四つを測る指数は同時に尺度であり、羅針盤であり、討論、変革のための道具であり、積極的社会を形成するための発想の根源である。

不平等に対する闘争に関して国家はどう行動すべきか。地方団体における教育システムの完成度とは何であるのか。

環境に関して、近隣の国の人びとと比較してどれほどの状態にいるのか。よき状態にいるのか、あるいは逆に遅れているのか。それらを比較し、そこに光を当て、表示することで、人びとの意識を目覚めさせることができる。そして、それによって、より多くの人びとが行動に参加しなければならないのだという必然性を、人びとに確信させることができる。

行動するには、透明性と知識が必要だ。そのあとで初めて、それではどうするべきかという決意を示す「宣言」が出てくる。

積極的経済、積極的社会はもうすでに進行中だ。われわれのいずれもが、いままでも日常生活のなかでそれを行なっている。われわれがそれを行なう理由は、未来の子どもたちのためである。

第Ⅱ章
国家、長期的に積極的経済を保証するもの

GETTY IMAGES / FILE

未来の世代に対する制度的代表をもたない、討議の場所をもたない、こうしたテーマに関して社会との対話ももたない民主主義など、今日では不可能である。国家が社会、地域、世代のまとまりのために完全な役割を演じることができるのは、こうした方法によってである。

——本書より

われわれの最大の関心は未来の世代と愛他主義であると主張できるような、そうした積極的社会をつくるには、ひとつの枠が必要である。

つまり、そのための道具が必要であるということだ。自由を保証し、長期的な行動範囲の枠をつくるのが法律である。だから、最初に考えねばならないのが法律をつくる国家である。積極的経済の発展に対して、広がりを与えるのが国家である。ある国は他の国より進歩しているがゆえ、こうした積極的な革命を遂行するには、より都合のいい国ということになる。そうした国とはどこの国のことであるのか。モデルとして役立つ国はどこの国なのだろうか。

積極的経済の展開における国家の主要な役割が何であるかも、自明というわけではない。なるほど、人びとは職住近接という宿命をもつために、自分の住む地域を大切にするという「地方分権化」の欲求がつねに頭をもたげることになり、国家のもつ行動の正当性はいまでは薄らいでいると言える。

しかし、将来国際的関係において大きな事業が展開されていくのだとすれば、いま地方という断片化されてしまったミクロな世界のなかで、安全問題に対して唯一対処しうるものは国家を措《お》いて他にはない。国際的事件や、ネットで取り引きされる情報交換に関して、現実の逼迫《ひっぱく》した問題となっている諸問題につねに対処していくのは、国家しかない。それでは、相対立するこの二つのタイプ、すなわち地方型のミニ国家と世界における近代国家とのあいだに、どんな居場所がいま残されているというのであろうか。

国家は、未来の世代に責任をもつ。

国家はその行動の一つひとつにおいて、将来の市民に対して与えられる衝撃についてて、熟慮しなくてはならない。国家は、均衡した発展を維持し、それに適合するように、社会に対する団結を市民に呼びかけ、すべての市民のあいだの、異なる世代や異なる地域のあいだの、結節点となるという使命をもっている。

積極的経済のためにその促進と行動の大部分を担うのが、国家である。国家は、社会全体のための運動を推進する。国家は、行動を発展させるために必要なサービスを与えうる。国家は、物理的な、そして文化的な投資に融資し、過去の世代の遺産を保護し、自由を守る条件を尊重し、富の再分配の正義を保証し、未来の世代の快適な生活の維持を保証することで、合理的愛他主義のベクトルとなりうるのである。

積極的経済をつくりあげるために

通常の統計的方法といえば、ある年からその次の年にどれくらい国民の富が増えたかを測定する国内総生産（GDP）のことだけが、一般的には考えられている。こうした数字では不充分である。その理由は、国内総生産では財やサービスの生産に付加された価値しか測れないからである。そこでは、地域間の不均衡についての情報も、所得の不平等の情報も、幸福度についての情報も、市民の怒りに関する情報も見つけることができない。将来の世代に必要なものについて、国民がいま何を用意したらいいのかという情報なども ない。

1970年代から、経済学者は、積極的社会の建設に役立ちうる、国内総生産に代替しうるような尺度として役立つツールをつくろうとしてきた。こうした指数こそ、2013年9月に〔本フォーラムに多大な貢献をしている〕ジャック・アタリがフランス大統領に「積極的経済のための報告書」[▽6]を提出した際、提言されていたものであった。

積極的経済に関するこの指数は、合理的愛他主義原理の三つの応用から生まれている。

すなわち、

世代間（時間における積極的経済の応用）の愛他主義

地域間（空間における積極的経済の応用）の愛他主義

行為者間（関係における積極的経済の応用）の愛他主義

である。

たとえば、世代間の合理的愛他主義を測るには、次の世代に引き継がれる資源がど

▽6 Groupe de réflexion présidé par Jacques Attali, *Pour une économie positive*, Fayard, Pars, 2013. 詳しくは訳者解説を参照のこと。

合理的愛他主義

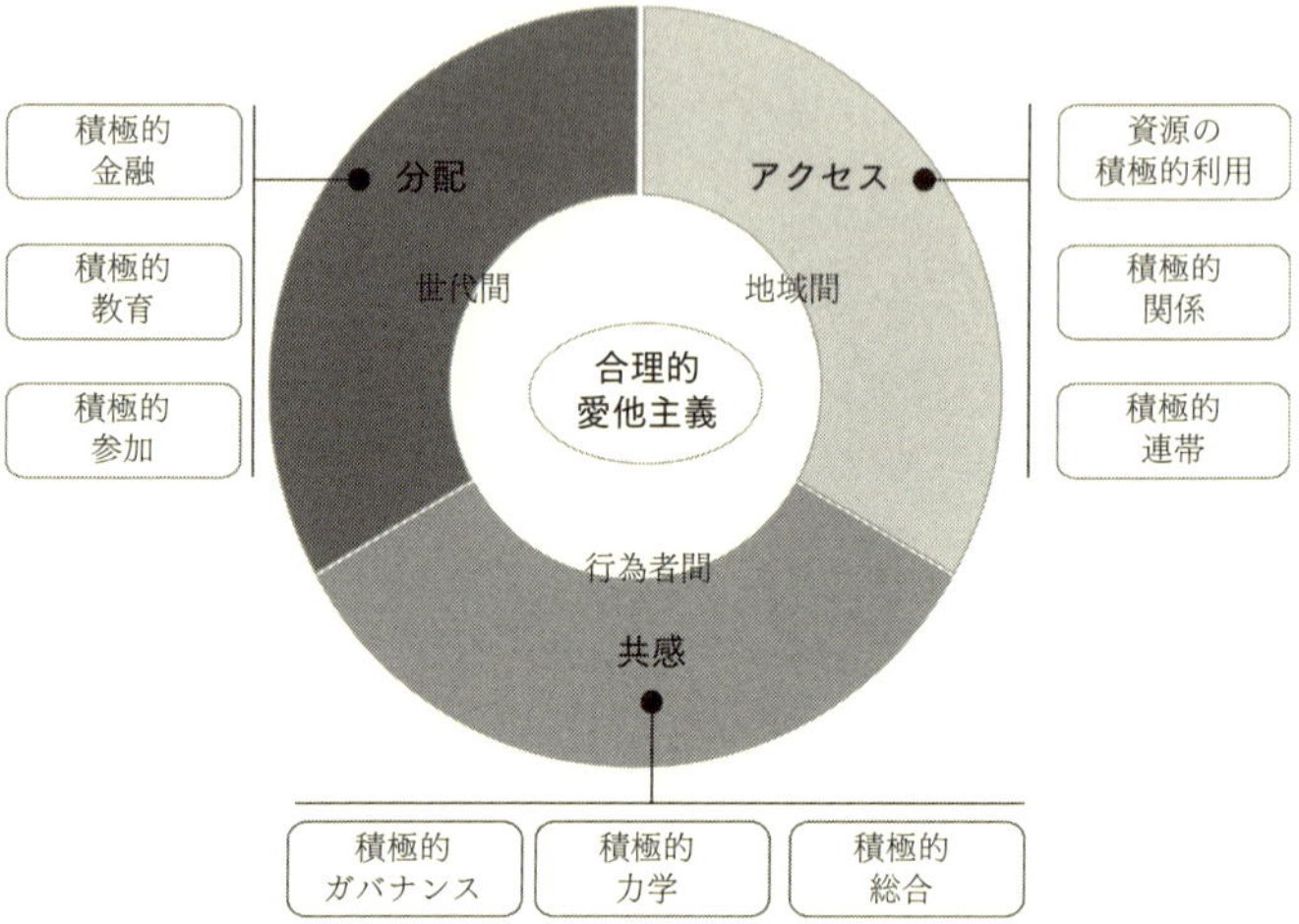

Source : Nomadéis, pour le LH Forum.

んなものであるかを見ることが必要である。それは、実現された投資とそこから生まれた負債が、どれだけ今後維持可能なのかを考慮することを意味している。

地域間の合理的愛他主義を測るためには、インフラは均衡につくられているのか、都市の大きさは不均衡ではないか、国内における情報格差の広がりはどうなっているのか、それらをこの指数が問いたださねばならない。

行動する各世代が愛他主義とは何かを学ぶには、社会は投資をどう行なっているのか、社会はどうのように借金をしているのか、社会が教育や健康に対してどういった援助を行なっているのか、社会が環境をどのように保護しているのか、社会が社会間の移動をどうやって安定させているのか、社会が繰り返されがちな不平等とどうやって戦っているのか、それらを測ることが必要不可欠である。

この最後の指数は、単純な29の指数と結びついている。とりわけ「積極的経済のための報告書」のなかで特別につくられた指数が三つある。

第一は、教育の不平等が再生産される水準（子どもの学校での成績と両親の所得との相関関係）を測定すること、第二は議会の代表制の程度（国会議員の年齢の差異）を測定すること、第三は他人への寛容度（どんな出身国でも、男性でも女性でも、どんな宗教でも隣人として受け入れうるかどうか）を測定することである。

最初は、必要な統計データが処理されているか、およびそれがあるかどうかという理由で、世界のすべての国ではなくＯＥＣＤ（経済協力開発機構）の34カ国の国民の積極性指数を測ることにした。

２０１３年の国民別積極性指数

積極性というランキングにおいては、スウェーデンが第一位であり、その次にノルウェー、デンマーク、フィンランド、オランダが続く。この五つの国は２０１３年にＯＥＣＤのなかで最高得点を稼いだ。その理由は、これらの国々が、政治や日常生活

2013年版OECD諸国の積極性

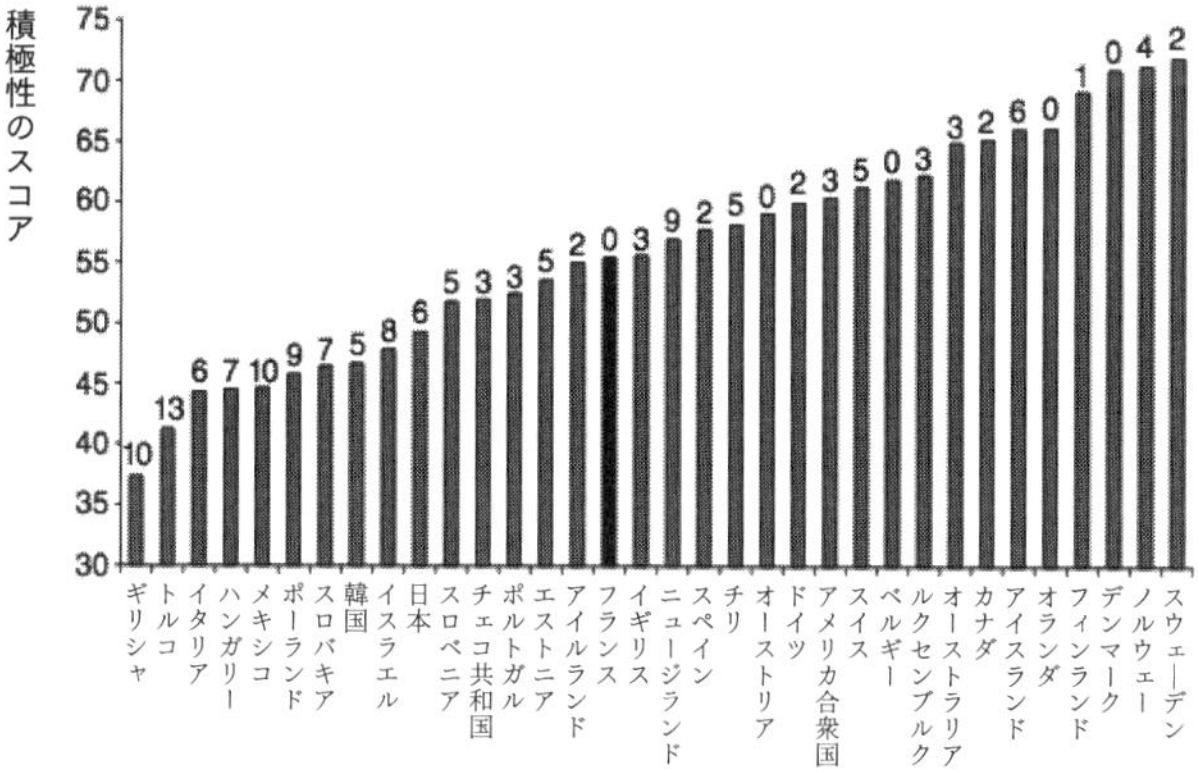

それぞれの国の上に書いてある数字は、OECD諸国のなかでここ最近の均位数のどのあたりにいるかを示すサブ指数の値であり、最終スコアの指数を実態的に「置き換え」る役割をもっている。
「積極的経済のための報告書」を参照。

の活動において、長期的観点、負債状況、国際援助、失業、若さ、被選挙人の年齢と人口の年齢のピラミッドの相関関係、男性と女性との賃金の平等、環境保護、エネルギーの移転、下部構造、インターネットへのアクセスが、絶えず高い関心事であったからである。他の国々ではそうではなかった。

集められた指数は、さまざまな構成要素間に実際どれだけ「置き換え」が可能かを示しているだけではない。たとえば、ある国はいくつかの積極性の要素によって上位に位置することができるのだが、別のなんらかの指標がそこでは無視されている。ドイツはとりわけその経済的ダイナミズムの点で13位に到達した。一方、順位が12位のアメリカ合衆国は指標に関してまったく異なる結果を示していた。

つまり一方で市民社会における自由とダイナミズムという水準において非常によい結果を出しているのだが、他方で不平等や住宅の質という点で、最終順位という停滞を示しているのである。

この表においてフランスは全体的に充分ではなかった。積極性という指数で19位に位置している。それゆえ、表の真ん中にいたということは、29の指数の多くにおいて真ん中のスコアだったとも言えるわけである。経済力という点で、フランスは重要な切り札をもっている。インフラの質という点で3位に位置していて、それは地域のあいだの積極的相互関係を発展させるための切り札になっているからである。不利なのは別の点である。人びとの貧富の移動性という社会的移動性という点では停滞していて、この点から不平等の再生産という点で最悪の位置にいるのである（34カ国の28番目である）。信頼という点も欠けているし（34の国の26番目である）、賃金の平等という点でOECDの国々のなかの後ろから3分の1に位置していた。

環境という点でも不利である。なぜなら、フランスは石炭などの化石燃料の使用は比較的少ないが、再生可能エネルギーが年間のエネルギー生産全体に占める割り合いは2010年で8パーセントにすぎない。一方でフィンランドやオーストリアでは25パーセントもあるのである。

最終的に言えば、フランスには、落胆するほどの結果も、あるいはよい結果も、またその理由もなかったのである。すなわちフランスは実際、力をもっていると言える。とりわけフランスはバランスがよい。そのバランスは経済の積極性という点でけっしてトップというわけではないが、後ろのほうにいるというわけでもなかった。だから積極的社会は一貫して進行しているに違いないし、まさにいま進展中なのである。均質な位置から発展するのは、もっとも簡単なことだからである。

このためには、さまざまな道が可能である。ジャック・アタリがフランソワ・オーランドに２０１３年に提出した「積極的経済のための報告書」は、この意味でさまざまな提言を示した。[▽7] こうして、経済社会環境評議会（Conseil économique, social et environemental: ＣＥＳＥ）の結果は、未来の世代の利益を担う長期的な課題において、真に決定機関となることが義務づけられたのである。これが「積極的経済のための報告書」の提言の鍵である。

未来の世代に対する制度的代表をもたない、討議の場所をもたない、こうしたテーマに関して社会との対話ももたない民主主義など、今日では不可能である。国家が社会、地域、世代のまとまりのために完全な役割を演じることができるのは、こうした方法によってである。

2014年にはどんな進展があったのか?

2014年の国民別積極性指数には、最初の確認事項を改善し、長期的な計画を考慮することを目的としたいくつかの進展が含まれている。

新しい指数が加えられ(たとえば外国の学生を惹きつける地域の魅力や水質といった点)、いくつかのものは、主として技術的な理由から取り除かれ、別のものに置き換えられ、

▽7 「経済社会環境評議会」は第五共和制憲法第69条に規定された組織で、経営者、労働組合、社会組織の代表からなる会議。この会議は各経済領域の調整を図ることを目的とする。

2014年版 OECD 諸国の積極性

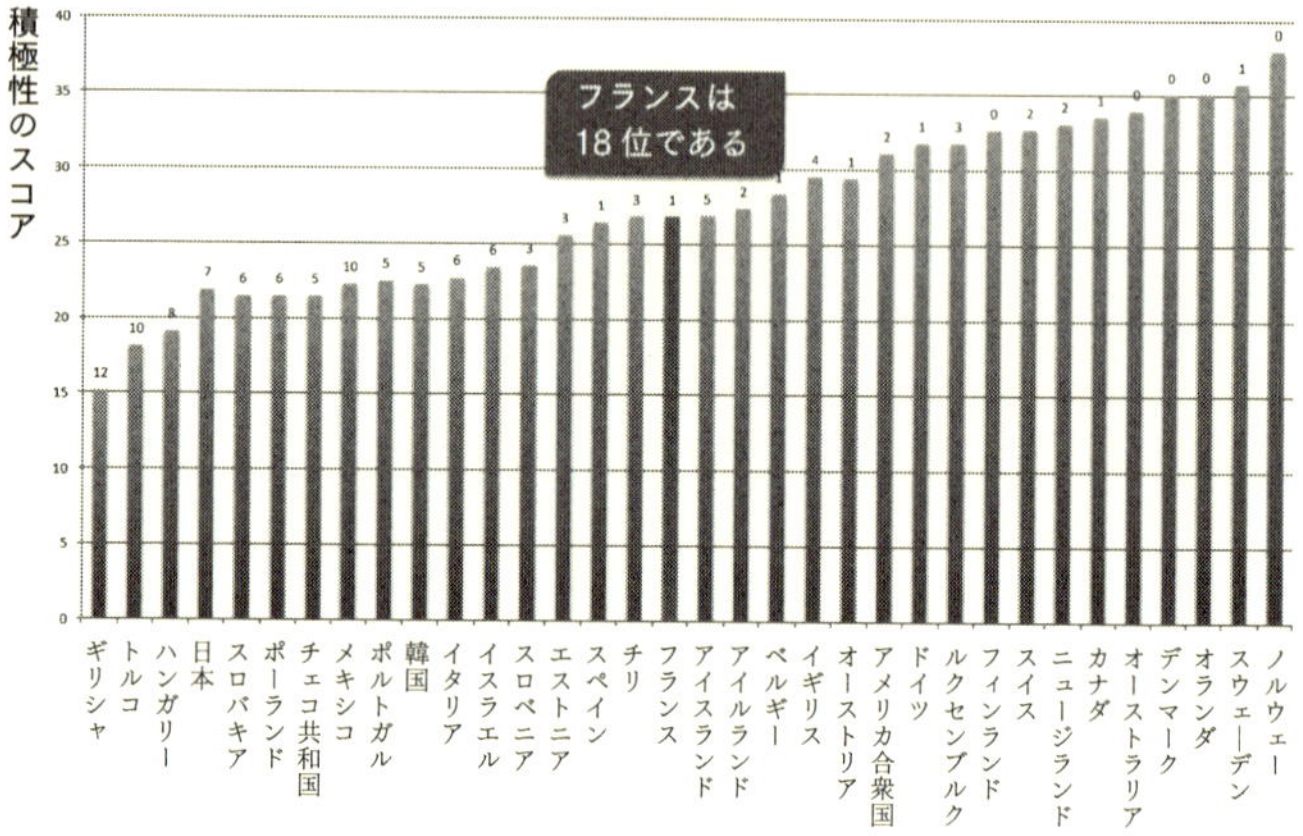

その洗練度がアップされた。一般的に言えば、教育と結びついた計画こそ、この新しい指数の焼き直しのなかでも、もっとも重要な位置を占めている。

積極的経済フォーラムが行なった最初の計算（比較可能な点、すなわち指数の二つの版の進展を考慮することで）では、２０１３年の計算と少し違う順位となった。第１位はあいかわらず北欧諸国であり、順位の最後は今回もハンガリー、トルコ、ギリシアであった。

２０１３年では後ろのほうにいたイタリアはかなり前に上がっている。イタリアは七つ順位を上げ、31位から24位になっている。イスラエルとスイスは五つ、四つと順位を上げ、それぞれ28位と8位となっている。ドイツとアメリカ合衆国はゆっくりと順位を上げ、14位から11位、13位から12位となっている。

逆に、その他の国は積極性の達成において悪化している。とりわけアイスランド（九つも順位を下げている）、日本（五つ順位を下げている）、フィンランド（四つ順位を下げている）。

一方、フランスはいまでは表の真ん中あたりにいて、19位から18位へとひとつ順位を上げている。フランスは２０１３年の指数のさまざまなポイントにおいて、比較的平均した完成度を達成していたが、教育と連帯という領域ではかなり悪化している。２０１４年のフランスは、ＯＥＣＤの国々のなかで、重要な指数に関して悪いスコアをもつ国のひとつである。

すなわち不平等が再生産されているかどうかを測る指数において、それは顕著である。これによると、他の国々に比べて、フランスは教育水準が両親の収入に完全に比例しているのだ。２０１３年にすでに見られたことだが、こうした状況はむしろ加速しつつある。

２０１４年のフランスの結果は、次の年に向けてフランスが、その積極性の悪化を避けるための公的政策という点において、長期的な計画を強化することを要求している。

この宣言は、そうした政策を行なわせることを目的としている。われわれは、いま行動しなくてはならないのである！　フランスは、自分たちが自由だと感じているという点を示す指数において、インフラの質という点において、さらに非常にわずかだが経済的ダイナミズムがあるという点において、やや勇気づけられるほど進歩しているのである。未来に対する準備として、こうした成果を切り札として使えるのだということを、フランス人は知るべきであろう！

その点において、すでにすばらしい集団的計画があるのであり、そこでは演じるべき役割が全員に割り振られているのだ。

PRESENT
FUTURE
PAST

第Ⅲ章
地方、積極的な協力の創造者

LE TETRIS

積極的経済が地球的規模で発展しうるのだとすれば、それは圧倒的に多くの地方が未来の世代の利益のために、基本的な原理を適用し、自らの自治と発展を方向づけることを自ら決定する場合のみである。

——本書より

われわれ自身が、自分の周りで積極性の革命を毎日遂行することができるのだ。グローカル（グローバルとローカルを合わせた言葉だが）の論理に従うと、もっとも速く、もっとも有効に自らの行動に価値を付加できるのは、地方レベル、自治体レベルにおいてである。行動に移すには、都市のもつ積極性を測ることが重要になる。それによって具体的な行動へと進み、それによってよき手段を使って、地方において決定権をもつ人びとに自らの要求を伝えることができるのだ。地方議会において、地方の街なみにおいて、文化宣言への反響として、都市という実験場において、われわれの声が届くのである。これこそ、日々、社会全体を変革する最良の手段である。

あらゆる分野の、あらゆる方向をもった活動家とエコシステムとのあいだの、無限の交流の場としての具体的な地理的空間である地方は、現実の経済を実践する最初の場所であり、その根は自然のなかにある。維持すべき資源の宝庫でもある地方はまた、第一に人びとの生活の場所であり、そこでは誰もが、他人やその周辺の固有の環境に対して、自らが選んだ選択がどのような意味をもつかを意識することができる。来《きた》るべき世代のために、保護し、改善する必要があるのは、そうした地方である。

地方の重要性については、「協同責任者としての地方」というヨーロッパ委員会が主導する実態報告のなかにはっきりと述べられている。この報告書の意図するところは、パイロット的地域で地方自治体と市民の活動家の協同としての責任戦略を遂行し、実験することで、すべての人びとの幸福と総合を社会結合の目的とすることである。

地方は、どんな行動がどんな結果を生みだすか、という因果関係のつながりを計測するための絶好の場所である。この因果関係のつながりによって、われわれの世界は相互に独立しつつも、相互に密接に関係しているのだということが理解できる。同じ国の州や地方とのあいだの関係、あるいは北半球から南半球にかけての異なる国と州の地域のあいだの関係は、人間、商品、資源といった数多くの流れをつくっている基礎であり、しばしば、相互交流にも適していて（国際的協業という意味で）連帯にも適している。

必然的帰結

積極的経済が地球的規模で発展しうるのだとすれば、それは圧倒的に多くの地方が未来の世代の利益のために、基本的な原理を適用し、自らの自治と発展を方向づけることを自ら決定する場合のみである。そこで問題になるのは、地方が自らの方向を決め、もっとも重要な改革の核と、積極的経済の道を進展させるための優先的行動の手段を見つけだすのを、いかに手助けするかである。

　地方はますます重要な役割を演じつつある。その理由は、世界の多くの地方において、地域レベルの政治の分権化が、民主化の要素、よきガバナンスを強化する要素、市民参加のための重要な要素となっているからである。政治的分権化は、代表制的民主主義（間接民主主義）と参加型民主主義（直接民主主義）のまさに均衡の上に乗っている。そのことを呼びかけているのが、分権化とすべての人びとへのサービスの提供に関する国際連合人間居住計画▽[8]（人間らしい生活をするための国連のプログラム）の国際的指針である。

　もうひとつ決定的な要因がある。われわれがいま新しい都市の時代に始まりにいるということだ。１９５０年という時点において都市に住んでいた人口は、世界の人口の50パーセントにすぎなかった。２０５０年の時点では、都市空間に居住する人口は〔世界の人口の〕三分の二、すなわち60億人となっているだろう。貧困に対する闘争を担うのは、地方レベルである。しかしまた、気候の変化という問題への考慮、あるいはさらに生産や消費に対する新しいシェーマが発明されることにも考慮を払わねばならない。

地方の範囲がどれくらいであるかを定義することは、地方における人びとの相違によって、それぞれの国の地方に対する意味づけの違いによって、それぞれの地方の背景の違いによって異なるものだと思われる。しかし、それはまた地政学、社会経済学、文化によっても異なるのである。

地方に適用される積極性の指数を練りあげ、国際的比較を確立するために、われわれとしては都市にとりわけ関心を集中することにした。考察を進める前に、都市のグローバルな定義を練りあげることにした。たとえば、それは周辺領域を含む当該地方におけるエコシステムの動き、男女の統合、経済、政治、アソシアシオンにおいて行

▽8 「国際連合人間居住計画（UN-Habitat）」は、1978年国連総会によってケニアのナイロビに創設された持続的な街づくりのための組織。

動する者と住民との統合といったことについてである。こうして同時に組織、地方、生活や交換の場所のようなものとして都市を理解することで、都市は積極的なものとなりうるし、こうした積極性を測ることを可能にするのである。

具体的な目的

積極性の指数は、都市のグローバルな完成度を（たんなる経済的次元を超えて）測り、都市により高い価値をつけるために、都市の進歩の軌跡を明瞭にし、他の都市との比較を可能にする準拠枠の基礎をつくることができなければならない。しかも、それは積極的経済に携《たずさ》わる地方のすべての人びととの交流を可能にするための教育的手段としても役立たねばならない。それゆえここで重要なのは、都市をさまざまな角度で理解することを助ける、あらゆることに役立つ道具をつくることである。

国民の積極性の指数を完成するためには、都市の積極性の指数が必要だ。尺度の変更のおかげで、都市の積極性指数は、合理的愛他主義の基準の一部を維持し、それらを地域の自然に適用し、これまでの基準とは違う特殊な項目を発展させる。この指数は、来《きた》るべき世代に対する愛他主義（積極的な融資、積極的な教育など）、別の地域に対する愛他主義（自然資源の積極的な活用、地域間の相互関係など）、活動に参加するもの全員に対する愛他主義（積極的な運動を展開しているか、積極的なガバナンスを行なっているかなど）を検証する。実際われわれの目的は、できるだけ広範な方法を使って都市の積極性を評価することだ。

それゆえ、ここで予測されるのは、地方で通貨を補完する貨幣[9]（たとえば、地方交換システムであるＳＥＬ〔Système d'echange local〕）の量を測ること、あるいは相乗り（co-voiturage）[10]の利用者数を測ることである。こうした要素はおそらく地方的尺度でみて、

▽9 「ＳＥＬ」とは、あるグループ内で通用する通貨を発行するシステムのこと。

正当なものであると言える。なぜなら、こうした水準で協働経済が発展し、展開すると言えるからである。「協働的経済を関係づけること」をその目的としている「ウイシェア（OUIshare）」▽11というアソシアシオンは、25カ国以上、数百の地方で展開している。それこそ積極的社会の力である。こうした力を支えているのは、生活する地域レベルでのつながり、社会的そして当然ながら経済的つながりをしっかりと結びつけたいという人間の自然な願望である。こうした意味において、地域に住む住民の直接の経済関係は、アダム・スミスが述べるような「見えざる手」に対してしっかりとした歯止めの役割をなすのである。協働経済は、人間的要素を市場に再び注ぎ入れることなのだ。

これこそ、積極的経済が地方に根づいているもうひとつの証しである。地方的レベルとは、協議、合議、協働参画という項目をつうじて理解されるものである。実際、積極的経済がもとづく合理的愛他主義がとりわけ効果をもつのは、一般的利益あるいは他者に対する配慮が地域それ自体の内部に染みわたる場合である。地域とは、個人と個人とが共感を表現する特権的場所である。

この指数のなかには、都市の借金を帳消しにする能力（これが来《きた》るべき世代の利益を考慮する証しなのだが）としての古典的指標が含まれるだけでなく、たとえば緑の空間に与えられる土地の割り合いや、あるいはさらに持続的に発展するための賭け金に対して住民がどれほど関心をもっているかの程度のような、これまであまり考慮されてこなかったような指標も含まれている。

▽10 「相乗り」とは、カーシェアリングやタクシーの相乗りなどのこと。
▽11 「ウイシェア」は2001年に創設された組織で、協働などを組織することを目的としている。

積極的経済の手段のひとつの例としてのルアーブル市[12]

都市の積極性の指数がうまくいっているかどうかをテストするために、われわれは、積極的経済の最初のフォーラムの発祥地でもあるルアーブル市の先駆的事業に例をとることにした。

数箇月にわたる基本的な仕事を行なったのは、このためにつくられたグループであった。このグループは、都市に携《たずさ》わる人びととその受益者の部分を再編成した集団からなり、積極的経済の概念を地方に適用するにはどうしたらいいかという問題を考えた。こうした仕事を行なったことで、都市の自治におけるさまざまなグループのあいだのつながりがつくりだされ、建設的な方法で、相互の交流の内容を検証することが可能になったのである。

こうして、古い市街地域であるダントン地区[13]は、住民自身が自らの未来を決定するための広範な合議の対象となった。協同責任と聞き取りを行なうという精神のもと、都市はその住民と協議することができたのである。

同じようなやり方で、テトリス文化センター[14]の周辺でもこの決定様式が実現された。ツルンヴィル要塞の残るルアーブルの高台に位置するこの場所は、さまざまな芸術的施設を建設するという原則の対象であったのだが、それが実現されたのは、共同計画を打ち立てるために芸術協会の人びとと市の人びとが推進した共同発展計画に拠るところが大きい。

都市の積極性指数は、改善を継続していくための、内部で論議したことを実行に移す道具とみなされうるし、そうしたものとして進めることができたのである。この指数を明確にするということによって、数字上で辻褄《つじつま》が合わない問題を、地域レベルで

[12] ルアーブル市は、セーヌ川河口の港湾都市。
[13] ダントン地区は、ルアーブル駅近くの地域で、再開発の対象となった。
[14] テトリス文化センターは、ルアーブル市を展望する高台のツルンヴィル要塞のあとに計画された美術センター。

議論することが最終的に可能となったのである。これは積極的な結合という問題と結びついている。では、都市の積極性指数におけるこうした辻褄の合わない問題をどうやって定義したらいいのだろうか、そしてどうそれを特徴づけたらいいのだろうか。たとえば、インターネットへのアクセス（可能な能力）の数という方法、通行人（消費）の数という方法、消費される資源の量（消費という側面）という方法で類推するべきなのか。こう考えることで、積極的な地域の発展を具体的に可能にする行動へと変換しなければならない。まさにこれが都市の積極性指数の使命のひとつである。

第Ⅳ章

企業、重要な積極的成長のモーター

企業はより積極的になることで、長期的な視点を強化し、未来に対する愛他主義を現在の市場経済がつくりあげている個人主義以上の動力にすることで、現在の経済システムを変革することができる。

——本書より

社会の変革は、企業の内部においても、効果的かつ大胆な方法で実現しうるのだ。企業はすばらしいベクトルである。

なぜなら企業は、われわれの将来について大きな影響を与える力をもっているからである。企業は重要な環《わ》と言える。企業の多くはすでに今日でもそのことを理解していて、それに従事している。社会にとって有益であり、未来の世代のためにも有益である事業に一緒に参加するということは、企業にとっても積極的なものであるからだ。そこにまた、企業の利益もあるのだ。

企業はより積極的になることで、長期的な視点を強化し、未来に対する愛他主義を現在の市場経済がつくりあげている個人主義以上の動力にすることで、現在の経済システムを変革することができる。

企業は、長期計画をその戦略に据えることが長期持続を確証する最良の手段となるがゆえに、長期計画によって同時に自らの企業の利益をしっかりと守ることができるようになるのである。企業の唯一の目的は、他の受益者のことなどお構いなく、儚《はかな》い一時的な要求を突きつける株主のために、投資収益をつくりあげることだと言われているが、そうした企業は、死刑を宣告されるだろう。ますます情報が公開されていく社会において、こうした企業から商品を購入する者などいなくなるだろう。いや、そうした企業のために働く者さえいなくなるだろう。

企業の戦略の中心に、未来の世代の利益をつねに据えること、それがまずは企業自身、そしてすべての人びとの利益になる（これが合理的愛他主義だが）ということを理解させるために、収益的であることを必須とする企業文化を、積極的経済の価値を反映する指数へと、企業の業績評価の観点を変容させることこそ急務である。

まさにここに積極的経済フォーラムの優先的目的のひとつがある。2013年9月にフランス共和国大統領に提出された報告書のなかで定式化された45の提言には、企業に関するものがいくつかある。とりわけ、そのひとつは、企業の積極的努力を図るための新しい指数を創造し、より企業の透明性を高め、営利集団ではなく社会的集団としての競争心を鼓舞することを推奨している。

未来の世代のために企業の努力を測ること

企業の大きさ、活動内容、企業がどこにあるかという内容とは別に、企業の積極性の指数を定義するために提言されているキー概念は、来《きた》るべき世代に対する活動を行なっているかどうかである。こうした活動を測るために提言されているアプローチとは、企業がつくりだすものすべてを評価し、評定する点にある。

つまり第一に未来の世代のために貢献しているかどうかという点（知識、富の共有、幸福と安定感、誠実度と信頼度、環境や融資に対しての自主性、協同や愛他主義）、第二にいま生きている世代を犠牲にしていないかどうかという点（無知、不平等と貧困、緊張と脆さ、不誠実と不信、環境や融資に対する独立性のなさ、孤立とエゴイズム）である。

これまで受け入れられた考えとは逆に、たとえ貢献の度合いが巨大になりすぎたという点は別として、多くの企業は過去30年間にわたってすでにそうした活動を発展させてきたのだとも言える。確かにプラグマティズム的態度によって、しかしまた社会や地球に対する自らの役割と努力を意識しなければならないという環境のもと、持続的成長のなかで企業を維持し、求められる変化に対応することこそ、企業経営者のリーダーシップの条件である。

企業活動の連続性を維持するためには、企業は絶えず市場の動向を予測し、水やエネルギーのような資源の減少に適合し、受益者側（社員、顧客、投資家など）が示す新しい期待を考慮し、当然起こるべき原理の変化に適応していかねばならない。

企業の成功の鍵は合理的愛他主義である

ここで問題となるのは、積極的経済の基本的活動原理のひとつである愛他主義を具体的に説明することである。この愛他主義は、とりわけ強い企業の駆動力を表わしている。挑むべき新たな挑戦に対して、愛他主義は活動する者を結びつけ、協同する義務を負わせる。こうした考えを通常使用されている企業言語で表現することは難しいのだが、実際にはこうした考えはすでに実現しているのだ。

事実、企業の実際の発展は、新しい道と協同を切り拓くことで、塞《ふさ》がっている経済的障壁を取り除く革新的パートナーの存在にかかっていると言える。そうした協同の例を挙げるとすると、古典的商業に従事する企業と社会的・連帯的経済の活動家（アソシアシオン、基金、協同組合など）との協同が挙げられる。相互に理解しあい、議論を行ない、ドグマを乗り越え、相互の利益となる長期的な集団的計画を作成することができれば、それは危機に対するもっとも強い力となるのだ。

企業の現実的発展は、同時に新しい要求と新しい規制をつくりだしている、国家的レベルと国際的レベルでの法律の変化に照応するものである。インドでは2013年、企業の社会的責任についての新しい法律が制定された。それは大企業に対して、その純利益の2パーセントを、企業の社会的責任、環境に対する責任を負う活動に対して支出することを義務づけている（それに関連する約8000の企業の年間支出は、ほぼ20億ユーロ〔約2500億円〕と見積もられる）。

数多くの道具や分析手法がすでにつくられていて、それらは企業の社会的責任、環境に対する責任と関連して、企業の評価のこれまでまだ知られていなかった次元に対して新しい光を与えたのである。これらの道具は、時として企業自身が発議者となり、多くの場合、市民社会の活動家（たとえばNGO）や機関（たとえば国連）の協力を得て、発展していったものであった。

一方で、既存の道具や分析手法には、二つの特徴的限界があることも指摘できる。第一に、（公正な取り引きを行なうために）消費者に対して詳細に説明されるラベルは例外として、これまでの道具や分析手法の大部分は、たとえば投資家の融資を誘うためのもの（非財務的格付け）、あるいは企業が継続的改善を行なうためのガイドとなるような、職業的利用に関わるもの（非財務的会計）である。

第二に、こうした道具や分析手法を構成するデジタル・ダッシュボードやバッテリー・インジケーターは、非常にしばしば、活動部門、評価対象の企業の国際的展開や大きさに結びついた基準によって変化するものであった。このことによって比較は困難を極め、一般人が企業の内容を把握することができなくなっていた。ましてや、企業の境界線が急激に変化しつつある絶えざる展開（買収、譲渡、外国への移転など）のなかにあっては、なおさら比較は不可能となっていた。

企業の積極性という指標とは、すなわちすべてにアクセスでき、すべてに役立つ基準のことだが、こうした限界を乗り越え、積極的企業の普遍的な指数と枠を定義しようとするものである。

消費者と投資家のための適切な道具

こうした指数は、消費者や投資家に役立つだけでなく、自らの期待値に一致する雇用を見つけだそうとする新卒の若者にも、パートナーとの共通点を見いだそうとする企画の担い手（企業、アソシアシオン、基金をつくろうとする者）にも、また企業の機能を、もっとも一般的に言えば、企業の社会的役割を理解しようと望む集団、大学、消費者である市民にも、役に立つことになるのだ。

この意味で積極的経済フォーラムは、本書のなかで導入された方法、２０１３年に初めて公表された国民の積極性指数というものの定義を可能にした方法と類似した方法に従って、活動している。

40の指標のあとに打ち立てられた新しい指数が意図しているのは、企業が未来の世代のために生みだす利益にしたがって積極性という能力（職業教育、私的生活と仕事とのあいだの均衡、創造された価値と分配された価値、学生にとっての会社のイメージ、ゴミの再処理の水準など）を測ることだけでなく、企業にとって不利益になったもの（無責任な宣伝、労働災害、再生不可能な資源の浪費、汚職など）も測ることなのだ。

だから企業の積極性の指数は、（ある時期における企業の積極性の度合いの「姿」を提供することを目標とする）測定の道具に資するだけでなく、おそらく進歩の方法を可能にすべく、（企業間の交流、一般人を含む企業の受益者との交流を可能にする、共通理解のための枠を打ち立てることを目標とする）教育や議論の道具にもなるのである。

多くの企業は、すでに積極性がどの程度であるかを測ることを受け入れている。当然ながら、こうした格付けに特化した単位を発展させる必要がある。消費者、賃労働者、経営者、株主は、その主要な受益者である。

企業の積極性の指数がわかれば、その企業への貢献度の順にしたがって、職位順にしたがって、多くの参加者の反省や議論が豊かになりうるだけでなく、関連する地域の議論や反省も豊かになるだろう。この指数は、企業の積極性に制限を設けるわけではない。企業は毎年、積極性の「スコア」を、絶えず改善しつづけることができるのだ。

それでは、企業にとってそれはどんな利益を生みだすのだろうか。それによって、一般人が企業をよりよく理解することになるばかりでなく、企業が破壊したり、あるいは創造したりした価値を検証するというリスクを、未来の世代のためにいま引き受けることで、企業の未来を準備し、その企業が将来も生き延びることを確信できるのだ。積極的企業は、積極的社会と同様、すべての者にとっての重要な問題なのだ。

第V章

市民、積極的社会の活動の鍵

最近の科学的研究が明らかにしているのは、人間は本来、愛他主義の動物であるということだ。

――本書より

社会を変えることは、われわれ一人ひとりに課せられている集団的事業である。市民は、積極的社会を個人的に打ち立てる最初の単位であるばかりではない。市民は政治的共同体（それはしばしば「市民社会」と呼ばれている）として、おそらく集団的なものである。インターネットの時代、国際的に要求が飛び交っている時代、われわれすべてが最高の世界を打ち立てる活動を遂行する力をもっているのだ。

市民社会とは、家族、市場、国家の外における市民相互の関係と交流を発展させるための特権的空間である。市民社会はさまざまな組織やグループ（たとえばアソシアシオン、社会的企業、共同体、労働組合、宗教運動、社会運動、支援団体など）から構成される。

現実の経済的システムのなかでは、市民社会は主として体制批判の空間だとみなされる傾向がしばしばある。それはまるで、市民は現実において、消費者という「帽子」をかぶるだけの存在にしかずぎず、完全に経済の行為者ではないかのようである。しかし、市民社会の役割は、確かにさまざまなアソシアシオンや非政府組織（ＮＧＯ）が、公的議論への参加や監視活動や弁護活動といった枠のなかで担っているような体制批判に限定されているわけではない。

集団的に考えること

市民社会は、体制批判の空間である以上に、一般的利益を獲得するための協議、イノベーション、活動を行なうすばらしい空間でもある。

建設的という観点から見て、市民社会は合理的愛他主義から出てくるダイナミズムに応じて、積極的経済の鍵を握る価値を担っている。その理由は、市民の活動的関わりが、とりわけ新しいデジタル技術の大きな発展、共同体や新しい協同交換様式の大きな発展によって、情報、発想、あるいはその仲間の幸福さえも改善することができると考えられるからだ。

最近の科学的研究が明らかにしているのは、人間は本来、愛他主義の動物であるということだ。

経済学、人類学、霊長類学、神経生理学、心理学あるいはさらに社会学のようなさまざまな分野において行なわれてきた、こうした問題についての研究は、エゴイスト的人間（古典派経済学や心理分析が主として与えてきた観点だが）という観点とは逆のことを主張している。仏教の僧侶であり、作家であり、そして細胞遺伝学の博士でもあり、「積極的経済のための報告書」[15]を考えるグループの一員でもあるマテュー・リカール（Matthieu Ricard）にとって、愛他主義こそ人間の幸福と豊かさの最良の源泉であり、将来という観点から見て、それこそまさに歓迎されるべきものであるというのだ。[1]
これまでの市民社会を積極的社会の建設へとまずは巻き込むこと、それこそもっとも根本的な合理的愛他主義の証明でもあり、それは市民社会の成員に、われわれの未来、そして次の世代の未来にとって決定的な集団的計画へと参加する、具体的なチャンスを与えることでもある。そしてそれは、市民社会の第一の富である創造性と差異性という、すばらしい貯蔵庫から利益を得ることでもある。差異性とは世代の差異、立場の差異、職業の差異、文化の差異、アイデンティティの差異、生きる枠の差異などである。

積極的市民性のために

市民社会を積極的社会の建設へと巻き込むことはまた、国家、地方自治体、企業が第一に構成された単位であるが、それらは個人、人間によって本来つくられたものでもあるということを再び思いだすことでもある。かれらは賃労働者、代理人、職人、さらに言えば議員であるより前に市民なのだ。

市民社会はこうした意味において、積極的社会を建設し、その固有の活動の意義を各自に意識させることで、長期的に市民社会の団結を守るための本質的な共通分母の役割をなしている。

積極的社会の建設に市民社会を参加させることは、選択のひとつといった問題などではない。成長が限られ、伝統的活動要素（国家、企業）の合法性が疑われ、フランスにとってもヨーロッパにとっても新しい政治的計画すら探求されないという現条件の

▽15　マテュー・リカールはエクス＝プロヴァンス出身のチベット仏教の僧侶で、著書に『動物への弁護』（*Plaidoyer pour les animaux*, Allary éditions, 2014）などがある。

▼1　『愛他主義のための弁護』（*Plaidoyer pour l'altruisme*, NIL, 2007）を参照のこと。

もとで、積極的社会を実現するには、マクロ経済学的、制度的手段の提案に対する、市民、とりわけ若い市民の実質的な動員がないかぎり、不可能であろう。

だからこそ、環境、持続的発展、ガバナンスに関する16歳から29歳までの若者の期待に関する地球的規模の最初の調査である、「2012年のシナリオ（ScenaRio 2012）」[2]という調査は、次のことを明らかにしている。すなわち、環境の危機に対して、若者が第一に信頼を置いているのは、国家、都市、企業（これらは一般的利益ではなく、むしろ特殊な、国民的、私的利益を擁護するものだと考えられているのだ）ではなく、むしろ科学、国連、NGOであるということだ。

市民社会のすばらしい能力

変化や発展を実現する市民社会は、とりわけ新しい技術や社会的ネットワークの発展のおかげでグローバル化し、世界に知られるようになっている。市民社会は組織能力、透明性を強化し、同時に企業、公権力、国連のような国際組織（国連と公的関係をもっている市民社会の組織は３万もあり[3]、それらは国連の独立したパートナーとなっている）への影響力を強化している。

市民社会はすばらしいエネルギーを動員できるのだが、一方で持続的変化を実現するには、集団的事業が必要である。こうした事実は「アラブの春」のような現象によって説明されている。あるいは、２０１１年におけるスペインからギリシャ、イギリス、イスラエル、アメリカ合衆国、カナダ、日本、南アフリカへと広がった「怒れる

▼2　２０１２年に「ノマデイス（Nomadéis）」（www.nomadeis.com）と「政治的イノベーション基金（L'innovation politique）」（www.fondapol.org）によって30カ国の16歳から29歳の3万人の若者たちと１００人の人びとに対して行なわれた調査で、国連持続可能な開発会議「リオ＋20（Rio+20）」（http://www.uncsd2012.org/）によって準備された。

▼3　資料、国連。

者たち（Indignés）」の運動のような現象によっても説明される。主として希望の担い手であるこうした後者の運動は、怒りをもつ以上ではなく、変革のダイナミズムを実際に生みだすことはできなかった。おそらく、もっとも積極的な社会の建設と未来の世代のためにすばらしい展開を可能にしてくれるのは、合理的愛他主義のような連合的つながり、来《きた》るべき世代のために働く必要性という明確な概念であろう。

市民社会の影響が増大していくことを意識したイギリスでは、2010年、地方自治に新しい責任を与える「ビッグ・ソサエティ（Big Society）」[16]という、パイオニア的な政治的イニシアチブを打ちあげた。国家の期待する付随的政策にとりわけ関連する困難（能力の移転、公的財へのアクセスの透明性など）があるものの、このイニシアチブは、市民社会が公的事業の遂行において演じざるをえない役割の増大を予知している。

公権力に由来するあらゆる力とは別に、「チームへの呼びかけ（Call For Team）」[17]という市民的イノベーション研究所のようなもうひとつの組織は、このような組織された市民社会のダイナミズムを物語っている。この研究所は、共同株主である市民共同体からなっていて、それはデザイナーとともに、未解決の問題に対して具体的な解決を与えるべく製品を考え、つくり、普及させるという野心的なものである。同時に「希望のレポーター（Reproters d'espoir）」▽18という積極的なメディア組織の役割にも言及できるだろう。これは、積極的ニュースと消極的ニュースを均衡させるのだが、とりわけ過去の社会が問題をどう解決したかという軌跡を追うというものである。CFE－CGC（Confédération Française de l'encadrement – Confédération générale des cadres: 管理職総同盟）▽19のような労働組合の立場にも言及できるだろう。この組合は2014年以来、その活動原理に、労働に対する幸福や信頼、楽観主義といったものを掲げている。

▽16 「ビッグ・ソサエティ」は、21世紀初めに生まれたコミュニタリアン的な連帯思想。
▽17 「チームへの呼びかけ」は、2004年にフランスで創設された地方における研究開発を企画する組織。
▽18 「希望のレポーター」は、2003年にフランスで創設されたメディア組織。
▽19 「CFE‐CGC」は、1944年にフランスで創設された管理職の労働組合。

市民社会を個人的、集団的に捉えると、市民は国家、地域、企業と同じ意味で、積極的経済の本質的活動家である。われわれの誰もが、積極的社会の建設に重要な責任をもっている。その理由は、個人的レベルで展開されたすべての愛他主義的態度がプラスの循環となり、今度は他の市民が同じことを行なう都合のよい社会的条件をつくりだすからである。愛他主義と個人的責任は、誰もが建設に貢献しうるし、しなければならない、積極的社会の二つの重要なバネなのだ。

積極的経済フォーラムは、国家、地域、企業にとってと同様に、市民社会の貢献度を測り、市民の活動をよりよく方向づける市民社会の積極性指数というものを最終的に発展させることをその目標とする。これから発見しなければならないこうした指数は、羅針盤として、導き手として、里程標として、警告信号として、さらには希望の道具として、選択的に機能することができるだろう。

結論

活動中の積極的経済

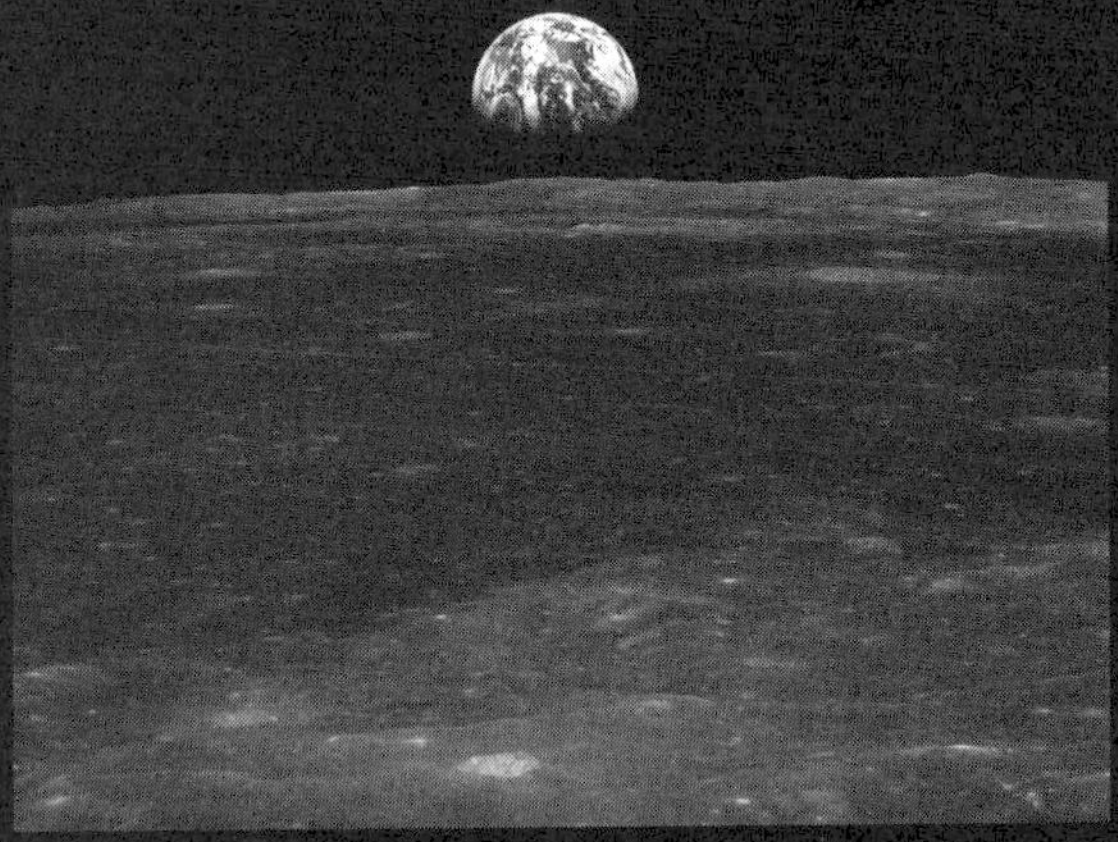

全世界に知られるようになったこの写真のイメージのもつ信じられないほどの力は、それがわれわれ自身に対する新しい見解を迫るその力強さにあった。

――本書より

世界的な話題となったアポロ8号が送ってきた写真によって、政治的リーダーシップの必要性、そして多くの人間と資金が長期的に注がれねばならないということが教訓として与えられた。この写真は、有名無名を問わず活動家、個人、集団の、驚くべき創造性、驚くべき発明能力が、とりわけ総動員されて生まれた結果である。かれらはみな宇宙探査に情熱を注ぎ、それに参加するパイオニアであったのだ。

――本書より

1969年、アポロ8号の宇宙探査によって、初めて宇宙から撮られた地球の歴史的な写真が人類に公表された。

全世界に知られるようになったこの写真のイメージのもつ信じられないほどの力は、それがわれわれ自身に対する新しい見解を迫るその力強さにあった。

この写真によって、宇宙的規模で見ればわれわれの地球の大きさはちっぽけなものであるということがわかった。しかしその一方で地球が異常なほど多様である点、そして生物の生きる世界があまりにも脆弱であるという点から見れば、われわれの世界は実は巨大であるということもわかった。このイメージによって同時に浮かびあがってきた本質的問題とは、たとえば環境の維持と自然資源の持続的管理こそ優先的課題でなければならないということである。

それから45年、積極的経済学によって与えられたのは、われわれ自身の視点を変え、二つの価値にもとづく社会を集団的に建設する手段を付与する、新しい歴史的可能性である。この二つの価値とは、合理的愛他主義と来《きた》るべき世代の利益を優先するということである。

こうした機会を捉えるためには、目標達成の尺度に関するこれまでの文化を変革する必要がある。それは、活動と評価という評価基準の中心に、積極的経済のもつ右記の二つの価値に基礎を置くことである。

「積極的達成」という評価についての議論には、垣根を取り除くことと学際的であることという二つの原理に従った、全活動家と全原理が関係していなければならない。まさにすべての具体的な運動と感性を可能にしてくれるのは、この原理だけだからである。

評価の尺度があるからこそ、われわれの視点は方向づけられ、改善されるのである。いつも忘れてはならないのは、有効に機能するには数量として測りうるものがなければならないということである。この『未来のために何をなすべきか？――積極的社会建設宣言』で導入された積極的経済の指標は、積極的経済の「羅針盤」となる運命をもつのである。それは同時にすべての者に役立つ尺度、比較、情報、活動なのである。こうした指標によって、積極的国民、積極的都市、積極的企業、積極的社会の新しい「見取り図」を描くことが可能になり、進歩を拒否することなく、未来の世代の利益に照らして、われわれがどれだけのことを達成しているのかを絶えず検証することができるのだ。この指数はまた、協同と信頼にすべてを託すことで、それぞれのレベルに応じて活動することを可能にしてくれるのだ。

われわれの誰もが、その声に耳を傾け、未来の世代の利益のために活動する、愛他主義的な、責任ある社会の建設に参加することができる。

諸君も運動に参加しよう！　行動を起こすのだ！　積極的経済はそれぞれすべてのことに関連する、すべての者の問題なのだ。われわれと一緒に積極的社会を打ちたて、一緒に考えよう。われわれが成功するとしたら、それはすべての人びとの参加があるからである。

世界的な話題となったアポロ8号が送ってきた写真によって、政治的リーダーシップの必要性、そして多くの人間と資金が長期的に注がれねばならないということが教訓として与えられた。この写真は、有名無名を問わず活動家、個人、集団の、驚くべき創造性、驚くべき発明能力が、とりわけ総動員されて生まれた結果である。かれらはみな宇宙探査に情熱を注ぎ、それに参加するパイオニアであったのだ。

積極的社会の建設は、忍耐、リーダーシップ、資金を必要とする。一貫して、優先課題は未来にある。われわれの誰もが、未来のためになんらかの痕跡を残すという、きわめて栄《は》えある希望をもたねばならない。そうすることで、子どもたちのため未来を生き生きとしたものにすることができるからだ。

◉積極的経済フォーラムへの参加の呼びかけ

積極的社会にはあなたが必要だ！

こうした動きに積極的に参加するためには、http://positiveeconomy.co/fr/pour-une-societe-pisitive に接続していただきたい。

＋そこであなたが参加できる積極的事業を見つける、

＋そこであなたが知識をもっている問題についてすばらしいイニシアチブを発揮

する、

＋次に市民的協議に参加し、市民社会の積極性の指数を理解することが可能になる。

◉この運動への参加者の一覧表

本書はジャック・アタリの協力の賜物《たまもの》である。

経済の積極性指標に関する主たる執筆者はセドリック・バエシェール（Cédric Baecher)、その副執筆者はアレクサンドル・ジョスト（Alexandre Jost)、編集委員会のメンバーは以下の諸氏である。イザベル・ルフォール（Isabelle Lefort)、アンジェリク・ドロルム（Angélique Delorme)、ジュリー・ボナミ（Julie Bonamy)、ラファエル・ブラシェール（Raphaëlle Blacher)、セドリック・バエシェール、アレクサンドル・ジョスト、アラン・トゥロー（Alain Thuleau）。

本計画は、2012年にプラネット・ファイナンス・グループとルアーブル市が主催した積極的経済フォーラムの枠に添っている。そこからフランス、海外における積極的経済フォーラムが発展した。

本計画は、「ノマデイス（Nomadéis）」[20]と「ファブリック・スピノザ（Fabrique Spinoza）」[21]との協力によって練りあげられたものである。

本書の編集に、積極的経済フォーラムのパートナーの支援を仰いだ。そのパートナーとはGDFスエズ（GDF Suez）、ミロヴァ（Mirova）、ルノー（Renault）、ERDF（フランス電気配信会社）である。そして経済の積極性の指標を考えるために協力してくれたすべての人びと、そして積極的経済を考えるグループのメンバー全体に感謝する。

ここにABC順に参加者諸氏の名前を挙げると以下のとおりである。

クリスティーヌ・アルバネル（Christine Albanel）（フランス・テレコム・グループとの文化、制度、連帯パートナーシップ執行委員長で、オレンジ基金の代表）、クロード・アルファンデリ（Claude Alphandéry）（ESS〔社会的連帯経済〕の研究所長）、ミシェル・バルニエ（Michel Barnier）（域内市場とサービスに関するヨーロッパ・コミッショナー）、セドリック・バエシェル（ノマディスの長であり創設者）、ジェニファー・ブランク（Jennifer Blanke）（グローバル競争力と達成度に関するセンターの所長、主任エコノミスト）、シャルル＝エドゥアール・ブエ（Charles-Édouard Bouée）（ローランド・ベルガー・ストラテジーのフランス・アジア部門長）、ウィリアム・ブールドン（William Bourdon）（弁護士、シェルパ〔Sherpa〕[22]の長であり創始者）、アントワーヌ・ブヴィエ（Antoine Bouvier）（MBDA〔ヨーロッパの武器製造

▽20 「ノマディス」は、持続的発展会議のことで、50カ国が参加している。
▽21 「ファブリック・スピノザ」は、社会を幸福にするための民間のシンクタンクである。
▽22 「シェルパ」は2001年に創設された、経済犯罪の犠牲者を救済する組織。

企業」の会長）、エリック・ブラック・ド・ラ・ペリエール（Éric Brac de La Perrière）（エコ包装のゼネラル・ディレクター）、ペレール・カユック（Pierre Cahuc）（クレスト・マクロエコノミクス研究所の所長、エコノミスト）、ダグラス・カーマイケル（Douglas Carmichael）（新経済思考研究所のシニア・アドバイザー）、ヴィアネ・ド・シャリュス（Vianney de Chalus）（ルアーブル産業通商局の局長）、クリストフ・シュヴァリエ（Christophe Chevalier）（アルシャー・グループ会長）、ダニエル・コーエン（Daniel Cohen）（経済学者）、フィル・コンウェイ（Phil Conway）（Cool2Care の創設者）、アレクサンダー・クロフォード（Alexander Crawford）（タルベルグ基金の研究所長）、ジョエル・デュリュー（Joëlle Durieux）（金融イノベーションの副責任者）、チャールズ・エイゼンシュタイン（Charles Eisenstein）（経済学者、作家、講演家）、ジャン＝ルイ・エティエンヌ（Jean-Louis Étienne）（探検家）、シンシア・フルーリー（Cynthia Fleury）（パリ・アメリカ大学の哲学者）、アントワーヌ・フレロ（Antoine Frérot）（ヴェオリア・エンヴァイロメント会長）、クララ・ゲイマール（Clara Gaymard）（フランス・ゼネラル・エレクトリックの社長）、フランソワーズ・グリ（Françoise

Gri）（ピエール・エ・ヴァカンスの最高経営責任者）、ホセ・アンジェル・グリア（José Ángel Gurría）（ＯＥＣＤの書記長）、ナタリー・アネ（Nathalie Hanet）（労働・雇用・労使対話省官房室発展に関する技術顧問）、ジャン＝リュク・イース（Jean-Luc Hees）（旧ラジオ・フランス・グループ会長）、バーバラ・ヘンドリックス（Barbara Hendricks）（声楽家、ＵＮＨＣＲ親善大使）、アンドレア・イリー（Andrea Illy）（イリー・コーヒーの社長）、ポール・ジョリオン（Paul Jorion）（社会学者）、アレクサンドル・ジョスト（ファブリック・スピノザの創設者）、アンドリュー・カソワ（Andrew Kassoy）（Ｂ Ｌａｂの共同創設者）、ジャン・カスパー（Jean Kaspar）（ＪＫコンサルタントのコンサルタント）、アンリ・ラックマン（Henri Lachmann）（シュナイダー・エレクトリックの監査委員会委員長）、ブリス・ラロンド（Brice Lalonde）（持続可能な開発会議に関する国連委員会の調整役）、エルヴェ・ル・トル（Hervé Le Treut）（気象学者、科学アカデミー会員、ＩＰＳＬ〔ピエール・シモン・ラプラス研究所〕の所長）、モーリス・レヴィ（Maurice Lévy）（パブリシス・グループの会長、ＡＦＥＰ〔フランス民間企業協会〕の会長）、ジャッキー・ランティニャ（Jacky Lintignat）（ＫＰＭＧの監査総責任者）、キショア・マビュバーニ（Kishore Mahbubani）（政治研究所教授）、フランソワ・マルティ（François Marty）（シュネレの社長）、クレール・マルタン（Claire Martin）（ルノー基金と企業の社会的責任の責任者）、ドニ・メルシエ（Denis Mercier）（空軍の将軍、空軍司令官）、アルノー・ムロ（Arnaud Mourot）（アショカの総責任者）、クリスティアン・ニブレル（Christian Nibourel）（アクセンチュア・フランスの社長）、カルロス・ノブル（Carlos Nobre）（科学者、気象学者）、エドゥアール・フィリップ（Édouard Philippe）（ルアーブル市の市長）、マテュー・リカール（Matthieu Ricard）（仏教の僧侶）、グレッグ・ラング（Greg Rung）（オリヴァー・ワイマンの副責任者）、ジェフリー・サックス（Jeffrey Sachs）（経済学者、コロンビア大学地球研究所の所長）、アンジェラ・ド・サンチアゴ（Angela de Santiago）（連帯メディア・ユーフィルの総責任者）、ジャック・シム（Jack Sim）（世界トイレ機構（ＷＴＯ）の創設者）、ヘルナンド・デ・ソト（Hernando de Soto）（経済学者、自由と民主主義研究所の所長）、デニス・J・スノーワー（Dennis J Snower）（経済学者、キール世界経済研究所の所長）、ジャン＝マルク・タセット（Jean-Marc Tassetto）（グーグル・フランスの旧総責任者）、エレーヌ・ヴァラード（Hélène Valade）（スエズ持続可能な開発の責任者、C3Dの代表）マルタン・ヴィアル（Martin Vial）（ヨーロッパ・アシスタンスの総責任者）、ステュアート・ワリス（Stewart Wallis）（ニュー・エコノミクス基金の執行取締役）、アンダース・ワイクマン（Anders Wijkman）（EU議会のメンバー）、リサ・ウィッター（Lisa Witter）（フェントン・コミュニケーションズのチーフ・オペレーティング・オフィサー）、フィリップ・ザウアティ（Philippe Zaouati）（ナティキス・アセット・マネジメント投資部門、ミロヴァの総責任者）。

Business Plan
CONCEPT
RISKS?
STRUCTURE
THOUGHT PROCESS
MARKET ANALYSIS
FINANCE
@Web address
TEAM
GLOBAL
ADVANTAGE?

附録

未来の世代のために尽くすことこそ、継続的、均衡成長のための鍵である

ジャック・アタリ

FUTURE
VISION

現在の経済を特徴づけるもの、そして現在の社会全体を支配しているものは、緊急性という言葉である。しかしながら、そこで長期的な視点を考慮しないとすれば、わが現代人の生活は地獄となるであろう。

積極的経済学が意図しているところは、長期的戦略、すなわち未来の世代のための利益を図ることである。積極的経済学のなかでは、未来の世代に対する愛他主義こそ、今日、市場経済が生みだしているもの以上に力になるのである。

積極的経済学を牽引《けんいん》するイニシアチブは、企業の社会的責任をはじめとして、さらには貿易の均衡、公共サービスという重要な役割を通じて、社会的企業家から、社会的な責任を担っている投資家にかけて、いたるところにすでに存在している。しかし、この積極的経済学という概念は、いまのところいまだかなり逸話的な話の域を出ないものであることも確かだ。なぜなら積極的経済学という概念が成功するには、体制の変更が前提とされるからである。

産業化された世界の大部分がいまだ抜けだせていない危機の多くの原因は、市場経済という積極的でないその性格によって説明される。つまり、その性格は、どの局面でもまったく短期的であるという点、とりわけ金融の短期的な側面にあるのである。もっとも、金融というものは本来の機能として、短期的なもの（預金者の預金）を、長期的なもの（投資）に変えねばならない性質をもつのだが、この重要な使命が、多くの国では30年前に始まった規制緩和、銀行離れ、情報処理によって、まったく誤った方向に向かってしまったのである。こうして金融は、経済の他の領域から部分的に切り離されてしまい、非常にしばしば、経済に役立つために機能するどころか、むしろ経済を支配することを欲することで、まったく短期的なものになってしまっているのである。

かくなる次第で、いずこでも「緊急」という言葉の独裁が広まってしまった。企業は、ますます刹那的で、短期的で、多くのお金だけを求める株主たちのものとなり、他にいる利益の受益者のことなどお構いなしに、直接的な金融による収益を獲得しなければならない、たんなる道具となってしまったのである。こうした結果、企業の経営者は、長期的な計画をつくるための経営に対する余裕など、まったく失ってしまった。

危機は、たんなる経済的な側面を飛び越えて、いまや社会的、道徳的なものになっている。現在の体制が生みだす不平等は、金融制度にも後押しされ、多くの人びとに、いまの消費社会から排除されないよう、借金生活をするようけしかけていて、過剰な借金を抱えているかれらの多くは、いまやどうしようもない状況に陥っているのである。

現在の経済が、再び長期的な視点へと向かわないかぎり、2030年の世界を待ち構えている、エコロジー的、技術的、社会的、政治的、精神的な新しい挑戦を受けて立つことなど不可能であろう。その結果、不可逆的現象が起こり、世界は非合法な、犯罪的経済の発展を生みだすような無秩序へと進むであろう。

危機を解決し、こうした災難を避けるのが、積極的経済なのである。まず前もって必要とされるもののひとつは、実体経済を基盤とする積極的金融を通じた、継続性のあるしっかりとした資本主義を打ち立てることである。もっと一般的な言葉で言えば、高水準の成長、富、雇用をつくりだすものこそ積極的経済となるのだ。多くの研究を見ても、積極的企業はそうではない消極的企業よりも、効率が悪く、収益が低いというわけではない。むしろその逆であって、中心的な戦略を長期的な視点で行なっている企業のほうが、その継続性を保証されているのである。現在の経済体制をより積極的な経済に変革することによって、フランスを終わりなき停滞という現実の印象から見える無気力状態から脱出させる、ダイナミズムがつくりだされるであろう。

こうしたパラダイム変換を完成させるための、その必要条件のひとつは、これからなすべきことと同時に、すでに成し遂げられてきた進歩を再評価することである。それゆえ、国内総生産や成長率に反映されていない経済の積極性の度合いを図ることが必要である。

わたしとしては、一国の経済の積極性の度合いは、「積極性指数」というものによって測りうると考えている。「積極性指数」とは、一国の経済の積極性が現実にどういう度合いにあるかを表示するものである。フランス共和国大統領フランソワ・オランド氏がわたしに諮問した、２０１３年９月の「積極的経済のための報告書」を発表する際、ある組織とわたしとでつくった実際の指針がある。

・国内総生産の成長は、出版の自由、教育の平等、世代間における金融の相互依存といった、さまざまな指数からなる29項目から構成される。この指数を構成する指針のうちの三つは、とくにこの目的、すなわち不平等の再生産指数、他人への寛容指数、代議制議会の指数である。積極性という指数は、行為者相互がどれだけ活動するかによって豊かになったり、改善されたり、調整されたりする点に特徴がある。より小さな目盛で積極性を計測するためには、一国に当てはめられた指数を、地方の団体や企業へと当てはめることが重要である。

・積極性というこの指数から得られる結果を物差しとしたOECDの国別ランキングが、ここにある〔本書49頁を参照のこと〕。フランスは、OECD34カ国のうちの19位に位置している。日本は25位である。現在、世界第3位の経済力をもつ国家である日本は、少なくとも経済的積極性という点にだけ関して言えば、同じ第3位に位置してもおかしくない。この二つの国のランキングの違いは、大部分が未来の世代に重くのしかかっている負債の大きさによって説明されるだろう。たとえこのようにランキングが低いからといって、日本に数多くの長所があることを日本は忘れるべきではない。日本は、世代間の連帯や寛容という点に関して言えば、非常に高い得点を獲得しているのである。そのことによって、他の先進国に見られるような、社会的不平等の問題にあまり苛《さいな》まれていないということがわかる。

活動の「羅針盤」としての積極性の尺度がもっている役割以上に、積極的経済が本当に意味のあるものとなるには、その発展にもっとも適する（調整的、財政的）環境がつくりだされるための構造改革が、その国でなされなければならないということである。だからこそ、わたしはフランス共和国大統領フランソワ・オランド氏に、2013年9月、より積極的な経済にするために必要な45の手段を提言したのである。しかし、こうした手段は、たんにフランスという一国民的な意味で適用されるような手段にとどまってはおらず、日本やそれ以外の国に、世界的、地域的な意味でも適用される、移転可能な手段なのである。グローバル化した経済においては、国民的手段だけに満足することはできない。わたしが奨励しているのは、すべての世界で適用されるべき手段である。この提案には二つのタイプがある。ひとつは、とりわけ経済に重心を置いた勧告であり、もうひとつは積極的社会を創造するという点に焦点を絞った勧告である。この提案の意図するところは、社会や環境をもはや利用すべき対象とみなすのではなく、むしろそれ自体で価値あるものとみなすことにある。これらの提案は、公権力や組織それ自体に向けられている。その多くは、法律の改革が前提とされる。長期的に変革が可能となるのは、法律よってのみである。だからこそ、本当の契約によるる協定によって、未来の世代とわれわれの世代を結びつけることが可能なのは、法律のみなのである。

ジャック・アタリ

訳者解説

「積極的経済」や「愛他主義」という言葉を見て、他人事だと考えてはならない

長期的展望と愛他主義の世界

現在、われわれ人間にとっての地球は、大きな問題に直面している。その問題の解決いかんによっては、未来に大きな被害をもたらす可能性がある。たとえば原料資源の枯渇、地球環境の悪化（地球温暖化）、人口の高齢化、人口増大による飢餓、先進国における過剰生産と過剰資本、テロと民主主義の危機、短期的目標設定による企業の荒廃。一つひとつあげたら切りがないかもしれない。一方、それに対する新たな解決の可能性もないことはない。科学の発展による問題解決の可能性（人工知能、iPS細胞、コンピュータネットワークなど）、中央集権から地方分権へと進む知の技法の発展（コミュニケーションシステムの変革）、NPOやNGOといった社会的企業の発展など、こうしたものの育成いかんでこうした問題に対処できる可能性はある。

しかし危機をもたらす問題とそれを解決する可能性が、残念ながらいまのところうまく結びついていない。そして、この二つが簡単に結びつくだろうと考えることは、あまりにも楽観的かもしれない。人工知能やiPS細胞など、その実現がもたらす将来の可能性を、楽観的に見ることは危険なことかもしれない。それらがもたらす計り知れない結果を考えれば、チェルノブイリや福島の原子力発電所事故の教訓に学んで、あまり危険なテクノロジーに賭けないほうがいいのかもしれない。地球という限られた環境をこれ以上に危険に晒《さら》すべきではないという点に関して、異論はもちろんあろう。しかし、地球環境の悪化を知る現代のわれわれのなかに無限の成長を望む論者はおそらくいないだろう。となると、残された議論は、脱成長と持続可能な成長の二つの理論に分かれるかもしれない。

資本主義であり続けるかぎり、成長を抜きにした戦略はありえないことも確かである。

資本主義の成長の駆動力は、あくなき利潤の探求であり、その利潤とは通常の単純な取り引きから生まれる利潤ではなく、拡大成長によって生まれる超過利潤を意味する。それは他方で新しい機械を導入したり、新しい市場を開拓するという企業家精神と結びついている。資本主義社会において低成長と脱成長は、ある意味、資本主義の精神、その駆動力を否定することを意味する。

そこで生まれるのが持続可能な成長という言葉である。

この言葉には、地球を破壊しない程度の成長を求めるという意味がある。この言葉は意味深長な言葉であることは間違いない。個々人の利己的行動が資本主義の前提である以上、企業相互はお互いに疑心暗鬼にかかり、抜け駆け的に拡大再生産へと走り、持続可能な制限を守ることができなくなるのだ。だから、資本主義社会は、まずはその前提たるこの個人的エゴイズムをなんとかしなければならない。

本書で挙げられる「愛他主義」とは、「他人を愛せ」という意味だが、「他人とともに協力して歩め」ということも意味する。本書では、人間はもともと生物本来の姿として愛他主義的動物であると規定されている。

思想史では、ホッブス的「万人の万人に対する闘争」といった意味で、人類史の始まりを利己的な個人として始めるか（コナトゥス＝自己防衛）、スピノザのようにコナトゥスを守ることは結局、他人を愛することだといった愛他主義で始めるかによって、思想史の流れは大きく二つに分かれる。当然ながら、前者はアダム・スミス的な予定調和としての市民社会論につながるが、これがとりわけイギリスで流布したことを考えれば、それはアングロサクソン的思想とも言える。フランスのような大陸ヨーロッパでは、ルソーなどのように愛他主義的思想の流れが強いとも言える。本書の愛他主義的思想の流れは、だからこそスミスから始まる個人主義的な自由主義的思想に真っ向から反対している。

人間が愛他主義的であったとしても、資本主義的世界では無政府的な拡大生産を止めることは容易ではない。そこで企業相互をまとめ、長期計画構想を立てる必要が強調されねばならない。

未来の世代のために長期的な展望に立つということは、資本主義経済を自由に野放しにすることではない。そこになんらかの介入が必要だということである。その意味で、国家というものに重要な役割が与えられる。国家による規制という言葉は、国家を超えて経済行為が広がっているグローバリゼーションの時代においては簡単ではない。がしかし、世界国家というものが存在しない以上、既存の国家がそれなりの公的介入をしなければ、企業のエゴイズムはなくならない。もちろん、国家はあくまでも法的規制という枠内で留まるのであり、経済の主役である企業、実際にその企業と直面する地方自治体が積極的に参画しなければならない（第Ⅱ章、第Ⅲ章）。

そこで企業と地方自治体が重要な役割を担っている。積極性という概念、すなわちポジティブという概念は、まさに企業と地方自治体に与えられている大きな役割だとも言える。企業の私的利益をどう社会全体の利益に振り向けるか、それは地方自治体の役割であると同時に、企業自らの役割である。そのために積極性指数という概念が取り上げられている。未来の世代のために何を残すかという問題を積極的に考えるには、国家、企業、地方自治体が積極性指数をしっかりと守る必要があるというわけである（第Ⅲ章、第Ⅳ章）。

しかし最終的にもっとも大きな役割を担うのが、国家、企業、地方自治体といった組織をそもそも構成する市民の参加である。NGO、NPOなどをはじめとして市民による新たなる取り組みは、どんどん増えている。生産者であり、消費者である市民が、どう未来の世代のために参加できるか、その鍵を握るもっとも大きな力は市民一人ひとりの意識ということである（第Ⅴ章）。

ジャック・アタリのオランド大統領への報告書（Pour une économie positive）[1]の概要

そもそも本書の起源は、2012年にアタリがフランソワ・オランド大統領に提出した報告書である。この報告書は、プラネット・ファイナンス・グループがルーアンで組織した会議に由来する。2012年9月にセーヌ川河口の都市ルアーブルで開催されたフォーラムにフランソワ・オランド大統領が出席し、アタリに「積極的経済」の報告書を取りまとめるように打診したことがきっかけであった。

こうして積極的経済を実現するための45の要求事項がこの報告書に掲げられているが、その要求の内容を手短にまとめたのが本書と言える。45の要求を並べてみると、以下の内容であることがわかる。

1．企業の目的の再考、

▼1 http://www.ladocumentationfrancaise.fr/var/storage/rapports-publics/134000625.pdf を参照。

2. 私的組織を積極戦略に参加させること、
3. 企業の経営者の地位を規定すること、
4. 財務以外の指数を定義すること、
5. 国際会計基準を発展させること、
6. 積極的評価を採点する格付け機関をヨーロッパに創設すること、
7. 積極的経済を促進する社会的な責任ある投資をつくること、
8. 積極的経済のための世界基金を創設すること、
9. ソシアル・インパクト・ボンド〔行政コスト削減のための債券〕やグリーン・ボンド〔地球温暖化対策のための債券〕を大量に発行すること、
10. クラウドファンディング〔インターネットを使った資金〕の発展を可能にすること、
11. 積極的活動のための貯蓄と投資を再構築すること、
12. マイクロ・ファイナンスの発展を優遇すること、
13. 銀行の活動を活発化し、銀行による排除を阻止すること、

14. タックスヘイヴンに対する闘争を行なうこと、
15. 金融取引への真の課税を遂行すること、
16. 企業の積極性に対し経営者の報酬を決めること、
17. 長期的に株を保有することを強化すること、
18. 公的な市場の選択において積極性の基準を導入すること、
19. 社会・環境評価を契約する場合に公的な組織と私的な組織とのパートナーシップを刷新すること、
20. 生産物の環境に対する影響や社会的影響を宣伝することを義務づけること、
21. 公的管理を真に積極的なものにすること、
22. 電子政府とオープン・ガバメントの発展に従事すること、
23. リサイクル以外の問題にも生産者の責任概念を拡大すること、
24. 積極的ではない組織を財政的に引き締め、積極的な組織を評価すること、
25. 積極的な地域協力の中心を創設すること、

26. すべての開発サービスをデジタル化すること、
27. 企業のガバナンスにおける長期的計画の導入に対して社会的議論をつくりだすこと、
28. 再生可能エネルギーを開発し、エネルギーを有効活用すること、
29. 学校の生徒たちに愛他主義と積極的経済について考えてもらうこと、
30. 「市民サービス」〔16歳から25歳の若者を対象としたソシアルネットワーク〕を国際的かつ義務的なものにすること、
31. 学校を世代間の交流の場所にすること、
32. 情報テクノロジーを教育の柱にすること、
33. 知の共有のための世界的場所を創設すること、
34. 長期的な問題を考える高等弁務官を置くこと、
35. 経済社会環境評議会を積極的社会を方向づける長期的会議に変えること、
36. 経済の積極性指数の発展に関する議論を毎年議会で開くこと、
37. 世界に対する責任を世界憲章に明記すること、

38. 環境に対する罪を犯したことを判断する国際法廷を創設すること、
39. 調停過程において社会と環境への配慮を強化すること、
40. 「世界法」の未来の基礎をつくること、
41. 積極的雇用を高く評価すること、
42. 愛他主義のために従事する私的、公的な労働者をつくる可能性を拡大すること、
43. あらゆる差別に対して戦うこと、
44. 共有型経済の発展を促進すること、
45. 「積極的都市」を促進すること。

以上45項目、いずれもかなり困難な要求かもしれない。発案者のアタリは、世界国家の建設さえ考えているので、この要求に世界的、国際的な取り決めに対して楽観的な視点が現われていることは否定できない。

しかし、こうした楽観的な見解こそ、人びとを元気づける積極性指数だというのだ

から、実現可能性という観点からだけ考えて、消極的になる必要はあるまい。

もともとフランスの思想の特徴は、根本的な体制変革を意図するような、がっちりとした理論武装をしたドイツ的思想とは違い、ある意味で曖昧模糊《あいまいもこ》ではあるが、つねに未来への実験の可能性を秘めている、そうした提案を高らかに語ることにあるとも言える。

構造改革は可能か？

そうした例は19世紀のフランスの社会主義思想や共産主義思想のなかに多く見られると言ってもよい。

ルイ・ブランのような、国家がアトリエをつくって失業者を集め、計画的生産をするといった発想。

ピエール＝ジョセフ・プルードンの人民銀行のように、貨幣に事欠く小生産者が、新たな紙幣を発行し、それによって資本を充実させ、生産を再開しようという発想。シャルル・フーリエのファランステールのように、約2000人の人びとを集めた共同体。

エチエンヌ・カベーがアメリカで実現しようとした理想の共同体など、フランスの社会主義者、共産主義者には、こうしたアイデアが豊富である。

資本主義社会を徹底的に批判し、それを乗り越えようとする思想とは別に、資本主義をなかば利用しつつ、それを改善しようという発想は、かつてはドイツで修正主義と言われ、批判されてきた。しかし、試行錯誤の過程として、そうした改革路線が生みだした豊かな発想は、人びとをときに鼓舞し、勇気を与えてきたとも言える。

アタリは何度もこうした改革を提言し、そのたびに厳しい批判の刃に晒《さら》されてきた。アタリは2007年にニコラ・サルコジ大統領の諮問を受け、経済諮問委員会の議長としてある報告書を提出した。それは書物となり、一般の閲覧に供することになった

(Commission pour la libération de la croissance française Présidée par Jacques Attali 300 décisions pour changer la France, La Documentation française, 2008)。サルコジ大統領の経済復興政策、言い換えれば新自由主義的政策に対して、いま行なわなければならないフランスの急務の構造改革を提案したのであるが、これは大規模なストライキや猛烈な反対にあって吹き飛んでしまう。しかしその後も、アタリは提言書を出しつづける。フランス社会党の重要人物アタリが右派のサルコジ大統領に提言するというのは、日本的に考えると不思議な気がするが、19世紀のフランスの社会主義者や共産主義者が、その時々の政権に提言を行なったことを考えれば、特段、不思議なわけではない。

アタリの提言には、フランスの経済的停滞の問題が背景にある。フランスは日本と同じく、新自由主義のなかで立ち遅れたランナーであるとも言える。EUによるヨーロッパの統合は、ドイツの地位を高めたが、フランスの地位はそれによって低下した。それは経済のみならず、外交、政治においてもそうである。新しい時代においてフランス経済はどこに発展の基軸を求めるか、いまだに模索中といったところである。

本書で重要な項目となっている、文化、教育、民主的参加という項目は、経済が復興するための重要な項目である。

俗に構造改革と言われるものは、市場の規制を取り除く規制緩和だけだと理解されやすいが、本来は、人びとが自由にその思想や行動を実現できる空間をつくりだすことである。そのためには、とりわけ男女差別、マイノリティ差別、学歴差別などの構造的障壁を取り払うことが求められる。構造改革とはまさに、こうした障壁の撤廃である。しかし、フランスはこの分野ですでにかなり先進的であることは評価されてもよいだろう。

ひるがえって我が国日本に目を向けてみよう。我が国において現在の閉塞状況をつくりだしているものは、江戸末期とも思えるような、世界との隔絶感にある。それは、相変わらずの男性中心主義、大企業中心主義、官尊民卑、学歴主義、外国人嫌い、移民拒否として反映されている。人びとは、若いうちからまるで氏素性で将来が決定されるかのごとく、自らの分相応に固執し、そこから自由に出ようとしない。それは、過酷な労働、過剰な勉強、無駄な受験勉強、大学生の無気力、企業における創意のなさとして現われている。

ニコラ・バベレというフランス人が書いた『ベナンからの手紙』(Nicolas Baverez, *Lettres béninoises*, Éditions Albin Michel, 2014)という小説は、ショッキングな書物である。モンテスキューの『ペルシア人からの手紙』を模して、アフリカのベナン人からの手紙という形式をとっている。話はこうだ。

時は近未来である。その近未来では、主役はアジアとアフリカである。アフリカのベナン人の主人公がＩＭＦの依頼で国家破綻の危機に直面しているフランスに赴任し、ＩＭＦの資金をフランスに投入するべきかどうかの調査を行なう。すでにフランスは荒廃した国と化している。フランス人は改革をなにひとつ実行しなかったことで、破綻寸前にある。主人公はそれを警告するが、なにひとつ耳を貸そうとしないフランス人に愛想が尽き、ＩＭＦは資金投入をやめ、フランスは完全に破綻するといった内容である。

この本には日本も登場する。発展するアジアを尻目としてフランス同様に衰退した国となっているのが日本である。もっともこれも故《ゆえ》なき話ではないかもしれない。このままの閉塞状況では、この小説のなかのフランスと同じ道を辿るかもしれない。もちろん、このバベレは新自由主義の信奉者であり、勝ち残りの戦略を逸したフランスを新自由主義の覇者にしたいという考えを持っていることも確かである。

その点で言えば、本書のほうはフランスだけの問題に話を限定していない。問題はフランスだけでなく、世界全体が直面する破局が問題だからである。このまま新自由主義的資本主義を継続していれば、いずれ地球環境は破壊され、次の世代の若者たちは絶望的になるだろうという危機感から本書は生まれている。

本書を読まれる読者は、耳慣れない「積極的経済」や「愛他主義」という言葉を見て、他人事だと考えてはならない。これはいまの日本にとって大きな刺激を含む言葉となる可能性をもっているからである。日本を覆う閉塞感は、これまでわれわれを縛りつづけてきた古い世界からわれわれがいまだ解放されてないから生じていると言っても過言ではない。

では何からの解放か。それは自分自身の分相応の限界からの解放である。さらにそうさせない世論や規制からの解放である。積極的経済とはそうしたものから解放されるという積極性を意味するし、まさに愛他主義とはそうした解放を意味する。こうした言葉は、日本人にとっても重要な言葉なのだ。

本書の意義は、本書が述べることが実際に実現するかどうかという点にあるのではなく、むしろ本書のように突飛《とっぴ》とも思える議論が自由に出現し、それが運動として発展する可能性があるかどうかという点にある、と言ってもいいかもしれない。

読者は、本書の提言から、日本を元気にする提言をそれぞれ新たにつくりだしていただきたい。

的場昭弘

本書は、Positive Economy Forum, *MANIFESTE POUR UNE SOCIÉTÉ POSITIVE – L'ÉCONOMIE POSITIVE EN ACTIONS*, Mille ET une nuits (2014) の翻訳であるが、ジャック・アタリ氏が『神奈川大学評論』（創刊80年記念号「人類への希望のメッセージ――世界からの提言」、２０１５年３月）のために寄稿した「未来の世代のために尽くすことこそ、継続的、均衡成長のための鍵である」を附録として収録した。この附録とあわせ、本書のタイトルを「未来のために何をなすべきか？――積極的社会建設宣言」とした。ここにあらためて転載を快く許可してくださったアタリ氏に感謝申し上げる。

「積極的経済のための報告書」をオランド大統領［右］に渡すジャック・アタリ氏［左］

【著者】ジャック・アタリ（Jacques Attali）

1943年、アルジェリア生まれのフランス人。仏国立行政学院（ENA）卒業。1981－1990年、ミッテラン政権の大統領特別補佐官を務める。1991－1993年、「ヨーロッパ復興開発銀行」の初代総裁となる。

1998年にはNGO「プラネット・ファイナンス」を創設し、現在も途上国支援に尽力している。2007年、サルコジ大統領に依頼され、大統領諮問委員会「アタリ政策委員会」の委員長となり、21世紀に向けてフランスを変革するための政策提言を行なった。さらに、本書のようにオランド政権にも影響力を行使している。

政界・経済界で重責を担う一方で、経済学者・思想家・作家としても幅広く活躍し、まさにヨーロッパを代表する知性として、その発言はつねに世界の注目を浴び、「真の大統領」（仏『リベラシオン』紙）と言われる評価を得ている。また、世界の知性トップ100に選ばれた（米『フォーリン・ポリシー』誌）。著書は、経済分析、歴史書、哲学書、文化論、小説にまでおよび、単著だけで50冊以上を数える。

積極的経済フォーラム（Positive Economy Forum）

アタリは、未来の世代のためにいま行なわねばならないことを目的として、「積極的経済フォーラム」という運動組織を2012年に立ちあげた。現在にいたるも多くの市民、政治家、企業家、労働組合員、NGOの指導者が参加している。

【訳者】的場昭弘（まとば・あきひろ）

1952年生まれ。現在、神奈川大学経済学部定員外教授。2010年、NHKのEテレで放送された「一週間de資本論」（全4回）のメイン・コメンテーター。2011年、NHKカルチャーラジオ「歴史再発見　21世紀から見る『資本論』――マルクスとその時代」（全13回）の解説者。主な著作に『大学生に語る　資本主義の200年』（祥伝社新書、2015年）ほか。

未来のために何をなすべきか？
――積極的社会建設宣言

２０１６年６月５日　初版第１刷印刷
２０１６年６月10日　初版第１刷発行

著者　ジャック・アタリ＋積極的経済フォーラム
訳者　的場昭弘
発行者　和田　肇
発行所　株式会社作品社
〒１０２-００７２　東京都千代田区飯田橋２-７-４
電話　０３-３２６２-９７５３
ファクス　０３-３２６２-９７５７
振替口座　００１６０-３-２７１８３
ホームページ http://www.sakuhinsha.com
組版　大友哲郎
装丁　小川惟久
印刷・製本　シナノ印刷株式会社
ISBN978-4-86182-581-1　C0033

21世紀世界を読み解く
作品社の本

21世紀に、資本論をいかによむべきか?

F・ジェイムソン　野尻英一 訳

資本主義と格差社会、その“先”を見通すために――「失業」と新たな概念「ロスト・ポピュレーションズ」をキーワードに「資本論」理解を刷新する最高の精華!

新訳 初期マルクス

ユダヤ人問題に寄せて／ヘーゲル法哲学批判-序説

カール・マルクス　的場昭弘 訳・著

なぜ“ユダヤ人”マルクスは、『資本論』を書かねばならなかったのか?本当の「公共性」、「解放」、「自由」とは何か?《プロレタリアート》発見の1844年に出版された、この二論文に探る。【付】原文、解説、資料、研究編

新訳 共産党宣言

初版ブルクハルト版(1848年)

カール・マルクス　的場昭弘 訳・著

膨大で難解な『資本論』に対し、明瞭で具体的な『共産党宣言』を、世界最新の研究動向を反映させた翻訳、丁寧な注解をつけ、この一冊で、マルクスの未来の社会構想がわかる訳者渾身の画期的な試み。

セルジュ・ラトゥーシュの著書

〈脱成長〉は、世界を変えられるか？

贈与・幸福・自律の新たな社会へ

中野佳裕 訳

グローバル経済に抗し、"真の豊かさ"を求める社会が今、世界に広がっている。〈脱成長〉の提唱者ラトゥーシュによる"経済成長なき社会発展"の方法と実践。

経済成長なき社会発展は可能か？

〈脱成長〉と〈ポスト開発〉の経済学

中野佳裕 訳

欧州で最も注目を浴びるポスト・グローバル化時代の経済学の新たな潮流。"経済成長なき社会発展"を目指す経済学者ラトゥーシュによる〈脱成長（デクロワサンス）〉理論の基本書。

欧州で最も注目を浴びる、21世紀の経済学の新たな潮流——

「新たなコミュニズムの仮説」

（アラン・バディウ）

ジョヴァンニ・アリギの著書

北京のアダム・スミス

21世紀の諸系譜

中山智香子ほか訳　山下範久解説

21世紀資本主義の〈世界システム〉は、中国の台頭によってどうなるのか？東アジアの経済的復興と新たな〈世界システム〉への転換を、アダム・スミスの経済発展理論をもとに、壮大な歴史的視野から分析し、世界的な話題を巻き起こした注目の書！　世界10カ国で翻訳出版。

【付】

アリギ生前最後のインタビュー

（聞き手：デヴィッド・ハーヴェイ）

日本語版解説

山下範久《資本主義から市場社会へ》

「目から鱗が落ちるとは、このことではないか！
一読の価値のある大著だ」

（姜尚中『朝日新聞』書評より）

「東アジアの復興に伴う世界像の変化を、いかに説明するか？
本書は、著者アリギの21世紀世界像であり、
世界システム論の到達点である」

（川北稔『日経新聞』書評より）

長い20世紀

資本、権力、そして現代の系譜

土佐弘之ほか訳

20世紀資本主義の〈世界システム〉の台頭と終焉を、壮大なスケールで分析した世界的名著。いかに〈マネー〉と〈パワー〉は「長い20世紀」を終焉させ、新たな時代を作ろうとしているのか？世界11カ国で翻訳出版。

「〔世界金融危機について〕たんに混乱をあおるだけで
何の洞察もない本や雑誌を読みあさるなら、
せめて、こういう本に目を通すべきであろう。」

（柄谷行人『朝日新聞』書評より）

ダニエル・コーエンの著書

経済と人類の1万年史から、21世紀世界を考える

林 昌宏［訳］

ヨーロッパを代表する経済学者による
欧州で『銃・病原菌・鉄』を超えるベストセラー！

「経済学」というコンパスを使った、人類文明史への壮大なる旅。いかに経済が、文明や社会を創ってきたか？　そして、21世紀、資本主義と人類はどうなるのか？

経済は、人類を幸せにできるのか？

〈ホモ・エコノミクス〉と21世紀世界

林 昌宏［訳］

トマ・ピケティ（『21世紀の資本』）絶賛！
「コーエン先生は、経済と人間の関係について、
最も深い示唆を我々に与え続けてくれる……」

経済とは何か？　人間の幸せとは何か？　新興国の台頭、米国の衰退、技術革新と労働の変質…。経済と人類の歴史的転換期のなかで、その核心に迫る。

ジャック・アタリの著書

21世紀の歴史

未来の人類から見た世界

林昌宏訳

「世界金融危機を予見した書」――ＮＨＫ放映《ジャック・アタリ 緊急インタヴュー》で話題騒然。欧州最高の知性が、21世紀政治・経済の見通しを大胆に予測した“未来の歴史書”。amazon総合１位獲得

国家債務危機

ソブリン・クライシスに、いかに対処すべきか？

林昌宏訳

「世界金融危機」を予言し、世界がその発言に注目するジャック・アタリが、国家主権と公的債務の歴史を振り返りながら、今後10年の国家と世界の命運を決する債務問題の見通しを大胆に予測する。

金融危機後の世界

林昌宏訳

世界が注目するベストセラー！100年に一度と言われる、今回の金融危機――。どのように対処すべきなのか？　これからの世界はどうなるのか？ ヘンリー・キッシンジャー、アルビン・トフラー絶賛！

危機とサバイバル

21世紀を生き抜くための〈7つの原則〉

林昌宏訳

日本は、没落の危機からサバイバルできるか？　予測される21世紀の混乱と危機から、個人／企業／国家が生き残るための原則とは？　欧州最高の知性が、知識と人生体験の全てを基に著したベストセラー。

ユダヤ人、世界と貨幣

一神教と経済の4000年史

的場昭弘訳

なぜ、グローバリゼーションの「勝者」であり続けるのか？　自身もユダヤ人であるジャック・アタリが、『21世紀の歴史』では、語り尽くせなかった壮大な人類史、そして資本主義の未来と歴史を語る待望の主著！